歴史文化ライブラリー

25

番と衆

日本社会の東と西

福田アジオ

吉川弘文館

目次

1

関西と関東

関西弁と関東言葉

関西と関東では生活が違う、文化が異なるという考えをもっている人は少なくないであろう。それは、現在のマスコミが流すさまざまな情報のなかに見られるし、関東出身の人と関西出身の人が一緒になったときに感じることでもある。その相違を強烈な印象にするのが言葉の問題であろう。関東の言葉も日本語の一つの方言であるが、それを基礎にして標準語とか共通語と呼ばれる日本語の基準的な表現が作られている。全国各地の人々も、この標準語を改まったときには使用しようと努力するし、学校教育はもちろん関西であれ、沖縄であれ、この標準語を教えている。そして、東京に来た他の地方の人々はできるだけお国言葉を出さずに、標準語で話そうとし、それが完全にできないコンプレックスを絶えず持って生活していく。ところが、関西出身の人は、東京に来ても関西弁を棄てようとしない人が多い。

生活の年数からいえばすでに東京での年数が関西よりも長い人が、未だに関西弁を使用している。それだけ関西弁を使う人には、言葉にたいするコンプレックスがなく、関西弁自体に誇りを抱いているということであろう。そして、その関西弁がマスコミを通して東京はじめ全国に流され、人々が日常的に接する機会を多くしている。関西弁で捲《まく》し立てる落語、あるいはコメディアンの活躍は目を見張るものがある。もはや今日では、関東の言葉を基礎とした標準語とは別に、関西弁が存在することは周知のことがらであり、それが時には対等な存在であることを主張しているかのようである。

それでは、改めて関西弁と関東の言葉の相違を考えてみよう。いかなる点で相違があるのであろうか。これを論じた研究書は多い。それらによると、関西弁と関東の言葉の相違を大きく印象づけているのは、アクセントであるという。関西と関東でアクセントが逆になる場合が多く、それが異なる印象を与える。たとえば、東京と京都の言葉を対比してみると、以下のようになる(太字の音にアクセントがある)。

	〔東京〕	〔京都〕
春	**は**る	は**る**
秋	**あ**き	あ**き**
朝	**あ**さ	あ**さ**

青	**あ**お	あ**お**
赤	**あ**か	あ**か**
夏	な**つ**	**な**つ
冬	ふ**ゆ**	**ふ**ゆ
垢	あ**か**	**あ**か
足	あ**し**	**あ**し
味	あ**じ**	**あ**じ

　このように、アクセントの相違は、話し言葉全体の相違の印象を強くしている。関西弁と東京言葉の相違はアクセントの相違によるものが大きいのである。しかし、アクセントは異なっても、その言葉は同じである。日本語として同一の単語を使用しているのであり、その発音の基本も同じである。その言葉のどこを高く、あるいは強く発音し、どこを低く、弱く発音するかの相違に過ぎない。したがって、これだけであれば方言の相違は大きな社会的、文化的意義を持たないかもしれない。

　ところが、関西と関東では、アクセントが違うだけではない。多くの言葉が異なるのである（以下徳川宗賢『日本語の世界』第八巻「言葉・西と東」を参考にした）。明治以来の方言調査は、この言葉の相違に重点をおいて進められてきた。その成果は多くのことを教えてくれる。一九〇三年に文部省が全国各府県で調査した結果が整理されて、一九〇六年に『口語法調査報告書』が刊行されたが、そこには関西あるいは西日本と関東あるいは東日本の言葉の相違が如実に示されるいくつかの地図が含まれていた。それらの言葉の相違は、ほぼ長野県と岐阜県の県境、日本海側では言葉によって境界が異なるが、ほぼ富山と新潟の境、太平洋側は静岡県と愛知県の境の場合と、三河と尾張の境とか、さらには木曽川辺りが境界というように大きく分かれている。以下で、いくつかの例を紹介しておこう。

	〔東日本〕	〔西日本〕
否定の助動詞	しない	せぬ、せん
断定の助動詞	だ	じゃ、や
動詞の命令形	ろ（見ろ）	よ、い（見よ、見い）
動詞の音便形	買った	買うた
	払った	払ろうた

このような東西の相違は、名詞や形容詞などの単語においても多く見られる。

酸っぱい	酸い、
しょっぱい	からい、しおからい

いる　おる
なのか　なぬか
なす　なすび

アクセントの相違、動詞の変化の相違、さらに名詞や形容詞の相違が全体として関西弁と東京言葉の印象の違いを強調している。関西弁は人によっては優しく聞こえ、人によっては丁寧な言

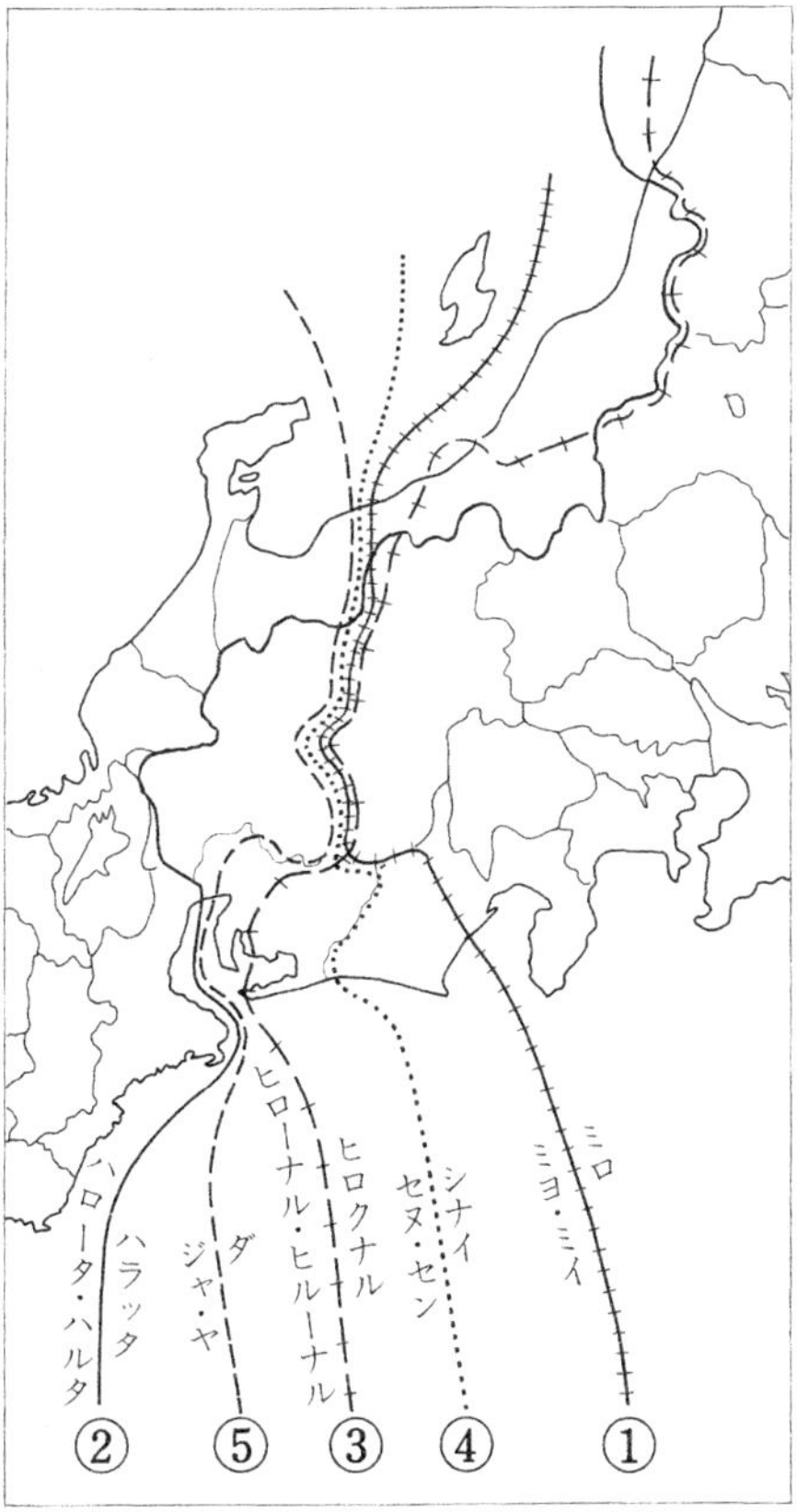

図１－１　方言の東西対立（徳川宗賢『日本語の世界』第８巻，1980年，347ページ）

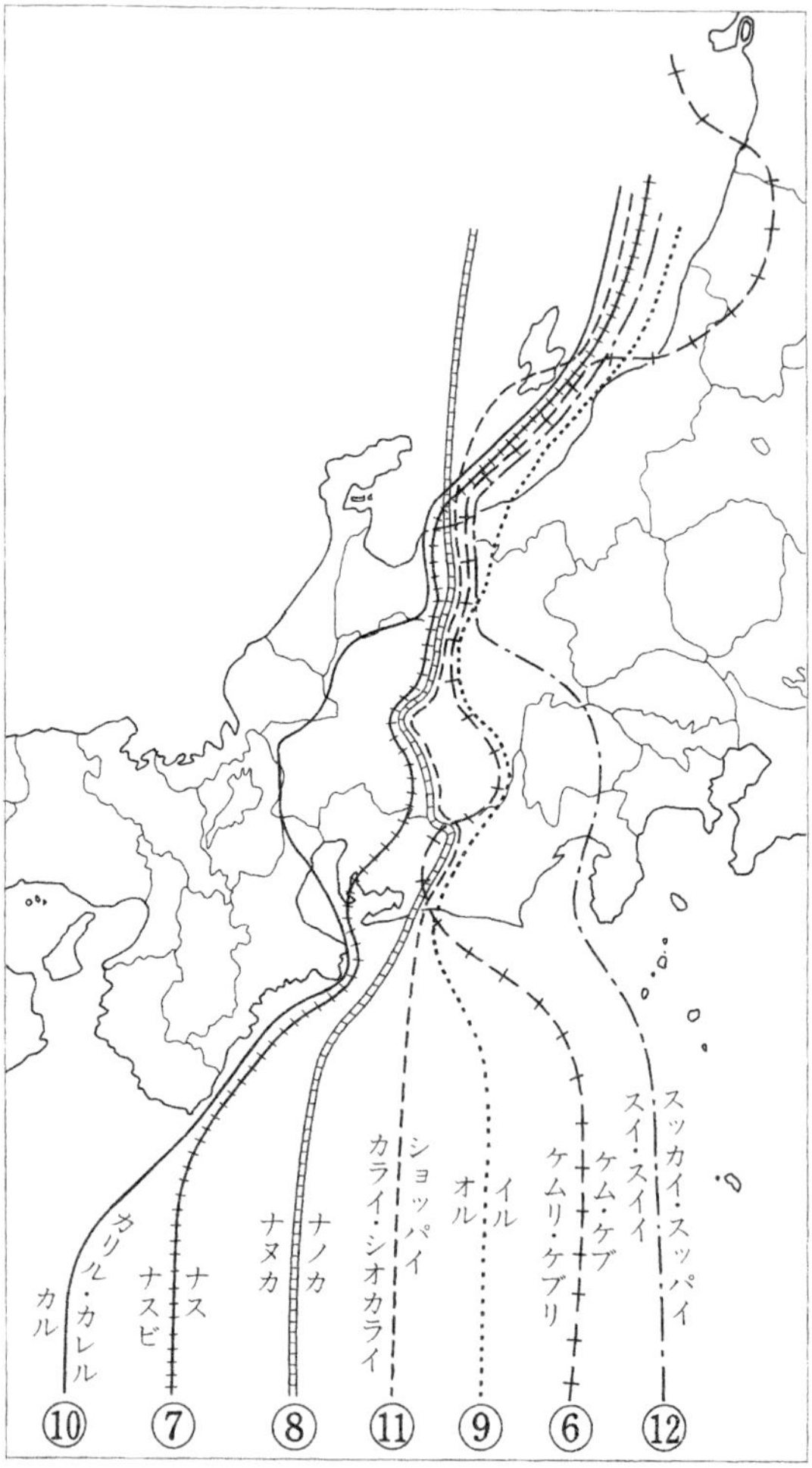

図１－２　方言の東西対立（徳川宗賢『日本語の世界』第８巻，1980年，350ページ）

葉に聞こえる。それにたいして東京の言葉は「べらんめえ」と言われるように、勢いがよい言葉と理解され、あるいは関東の言葉が「だんべえ」と言われるように、ときには粗野な表現と決めつけられることもある。それぞれ自分の言葉を他の言葉と比較した時に、自分の言葉をよく評価し、他の言葉にマイナスの評価をするときに登場する印象論である。その評価は主観的なものであり、検討する必要はないが、その基礎には関西弁と東京弁の大きな相違があることは認識しなければならないであろう。

福田はふくた

私の名字は福田である。福田と漢字で書いた名字は鈴木や田中ほど多くはないが、日本各地に分布しており、珍しいものではない。そして、この名字にはルビなどは必要としない。だれでもが読める漢字である。そこで試みに人に読んでもらうことにする。すると東京であれば百パーセントの人が間違いなく「ふくだ」と読むものと思われる。ところが、関西でこの名字を名乗っている人々が多く住んでいる所に行って発音を聞くと、もちろん「ふくだ」という人も少なくないが、しばしば「ふくた」と読むのである。実は筆者もその「ふくた」の一人である。私は三重県四日市市の出身であるが、その四日市のある一つのムラには福田という姓が多く、皆「ふくた」と呼んでいる。

東京では、各種の書類に福田を書き、「ふくた」と振りかなを振っても、その書類が関係者を一巡してくると必ずどこかの段階で「ふくだ」と点を打たれて戻ってくる。私は「た」に濁点を付けるのを忘れた愚か者か慌て者と思われているのであろう。確かに東京で出会う福田さんは皆「ふくだ」である。関東地方では、福田姓は北関東の群馬、栃木に多いが、いずれも「ふくだ」であり、「ふくた」ではない。新潟にも福田姓は少なくないが例外なく「ふくだ」である。東京、さらに東日本では「ふくだ」が常識である。現に多くのワープロの単語変換も「ふくだ」で福田に変換してくれる。「ふくた」では福田は出てこない。

このように、本来清音で発音していた単語や漢字が他の単語や漢字に複合し連続したときに、濁音になる例は日本語では珍しくない。特に共通語では日常的におこる現象であり、東京ではそれが原則であるといってもよいほどである。たとえば宿は「しゅく」であるが、これに新がつくと「しんじゅく」(東京での実際の発音は「しんじく」)となる。袋は「ふくろ」であるが、池が前に付くと「いけぶくろ」となる。東京の山手線を一巡して駅名を確認すると、そのことがよく分かる。東京駅を出た電車が二つ目に到着する有名な駅が新橋であり、ここはもちろん「しんばし」である。そして品川《しながわ》、五反田《ごたんだ》、目黒《めぐろ》、恵比寿《えびす》、原宿《はらじゅく》、新宿《しんじゅく》、大久保《おおくぼ》、目白《めじろ》、池袋《いけぶくろ》、巣鴨《すがも》、駒込《こまごめ》、田端《たばた》と続き、秋葉原《あきはばら》、神田《かんだ》となる。いずれも単独では清音であるのが濁音化している。そのような変化が起こらない駅名は珍しい。濁音化は東京や関東では当たり前のことである。それに対して大阪の環状線はどうであろうか。

島の訓読みは「しま」であるが、それが新島になれは「にいじま」となる。社は「しゃ」であるが、神社となれば「じんじゃ」である。また所の音は「しょ」であるが、研究所となれば「けんきゅうじょ」となる。いわゆる標準語で発生するこれらの現象は、もちろん各地の方言においても見られる。ところが、「ふくだ」と「ふくた」のように、標準語と同じ音になる関東と、清音で発音することもある関西に分かれることも珍しくない。たとえば、神社のことを「じんじゃ」と発音するのが標準語であり、関東方言であるが、関西ではしばしば神社を「じんしゃ」と発音する。東京大学社会科学研究所は「けんきゅうじょ」であり、京都大学人文科学研究所は「けんきゅうしょ」である。このような傾向はことに名字や地名に顕著に示されている。福田の発音はその一例に過ぎない。標準語に基本があって、それに関東地方の言葉が合わせているのではなく、これはもちろん関東地方の発音が結果として標準語にされたに過ぎない。それに対する関西の人間の抵抗は強いものがある。

民俗学の先達の柳田国男が、みずから「やなぎたくにお」と名乗っていたことは有名である。「やなぎだ」と呼ばれると「私はやなぎたです」と相手に訂正を求めたとも言われる。柳田国男は兵庫県の出身である。したがって、先祖代々、清音で「やなぎた」と発音してきたと考えてよいように思える。ところが、柳田国男はもともと柳田国男ではなかった。故郷での先祖代々の名字は松岡であった。柳田国男は松岡国男であった。柳田という名字は、彼が大学を出て婿養子に入ってはじめて名乗ったものである。その婿養子先の柳田直平は、信州飯田藩の出身であり、当時は大審院判事であった。信州はじめ東日本では、柳田は「やなぎだ」と発音するのが普通である。恐らく、この柳田もそうであった。ところが柳田国男は「やなぎた」を自分の名字の発音として使用したのである。これは柳田国男自身の考えであり、判断であったと思われる。柳田国男は、近畿地方の出身者として、濁音よりも清音を好んだであろうし、また幼少年期から慣れ親しんできたであろうことは推測される。濁音はきたなく、清音がきれいな日本語であるという信念をもっていたものと思われる。柳田国男についてはいまや完全に「やなぎたくにお」が定着していて、そのように正しく発音できない者は柳田国男あるいは民俗学について勉強していない素人と判断されるほどである。

柳田国男と並ぶ民俗学の先達折口信夫も「おりぐちしのぶ」ではなく、「おりくちしのぶ」である。折口信夫もやはり関西の出身である。生まれたのは大阪市浪速区鷗町（出生当時は大阪府西成郡木津村市場筋）である。そして、国学院大学に入るまでは大阪で生活をしていた。折口信夫自身の「自撰年譜」でも「家名古くより折口」とし、その折口にはヲリクチとわざわざルビを振っている。

このように、柳田、折口そして福田と、いずれも関西出身の人間の名字は、東京の人間であればごく自然に濁音になるところを清音で発音し、またそれを強調したり、それにこだわったりしているのである。これは偶然ではなく、言葉の特色であり、またそれを意識する文化を強調していると言ってよいであろう。

加藤咄堂の東西対比

一九一〇年代に『日本風俗志』（全三巻）を著して日本各地の生活文化を詳細に紹介した加藤咄堂は、関東と関西の対比を行った先駆的人物といえる。加藤は関東地方の総説の最初に「関東と関西」という見出しを設けて、その対比を次のように述べている。

此の史も異り地も同じからざる両地方の久しく人情風俗を異にしたのは自然の状勢で、其の言語も東京の「だから」は京都の「さかい」東京の「げす」は大坂の「おます」東の「だんべえ」は西の「どすえ」となる。（中略）両地方の差は之《こ》れのみにあらず、関西の名所旧蹟に富めるに反し、関東は筇《つえ》を曳くべき所少なく、関西に未来信仰の盛なるに対し、関東に現世祈禱の盛なる等を算して来れば四五にして止まらないが、今や山河百余里を距てたる両地方の間も之れを貫通する鉄路があつて一睡夢を載せて十余時間にして達することとなつたから西の習慣の東に入り、東の風俗の西に移りて漸次統一せられんとし、（下略）

（加藤咄堂『日本風俗志』上巻、一七八〜一七九ページ）

このように、東西の相違をまず言葉を手がかりに述べて読者の注意を喚起し、それがさらにさまざまな面においても見られることを紹介した。そして、その東西の境界として静岡県から愛知県にかけての地域を注目した。中部地方の総説で「東西の交叉点《こうさ》」という表題をつけて以下のように述べている。

（前略）関東関西の両風俗は其《そ》の交叉点を此地方に有し、鉄路夢を載せて東都を辞し、函嶺を越えて伊豆の一角をかすめて駿河に入り、月明に富嶽《ふがく》を仰ぎつゝ遠州の野を走りて、尾三の平原に入れば関東の風俗漸《ようや》く薄らぎて関西の風俗其の色濃く、車窓売る所の新聞も浜松以東は東京のもの多く、豊橋以西は大阪のもの多く、車を棄てゝ駅前の茶店に売る所の麦酒《ビール》を見れば東は主としてエビスを用ゐ、西は多くアサヒを出し、街頭を漫歩すれば東の生蕎麦《きそば》に対し西に饂飩《うどん》の招牌《かんばん》あり、東に「牛」「しゃも」と書く所を、西には「かしわ」と書けるもの多きを見、其の他、家の造り、市街の模様、道行く人の言動動作に幾多の差異を見出すことが出来る。（加藤同書中巻、一〜二ページ）

非常に注目すべき観察をしていることが分かる。遠江《とおとうみ》と三河《みかわ》、すなわち静岡県と愛知県が東西の風俗の交差点だというのである。静岡県は明らかに東であり、三河以西は西であるという。その点についてさらに加藤は筆を進めて、「名古屋の風化の漸《ようや》く衰ふる所、東は関東の勢力圏に属し、西は関西の勢力圏に属し、名古屋は東西の交叉点となつて中部に雄視して居るのである。併《しか》し其の色彩の濃淡厚薄をいへば名古屋は其の地の少しく西に偏せるが如く関西の色彩濃厚にして関東の色彩は余程薄らいで居るから名古屋の風俗なるものを東西いづれかに属せしめよとならば西に属せしむべきもので、東西勢力の交叉点は稍々《やや》東なる浜名湖付近を以て分つべきものであらう」（同書二〜三ページ）と補強している。

しかし、また三河が尾張と異なることにも注意している点は重要であろう。歴史的に江戸の建設者は三河出身の武士であったことから言語的に東京に近く、さらに「其の風俗も亦東京の感化を受くること多くして、尾張の京坂の影響多きとは稍々趣を異にして居る」（同書一一二ページ）。静岡県と愛知県に東西の境界を見ると同時に、三河の東的な性格を指摘している。これは忘れてはならない視点であることは、後ほど明らかにするつもりである。

食文化の関西と関東

日常の会話のなかでしばしば話題にされるものに、食事や食物の関西と関東の違いがある。たとえば東京の人間は昼の食事に好んで蕎麦を食べるが、大阪では蕎麦屋はほとんど見掛けることはなく、昼に麵類を食べるとすればうどんである。街の食堂が扱っているのはうどんである。そして、さらに人々は、その蕎麦やうどんの味付けやつゆの色にまで及んで相違を語り、どちらが美味《おい》しいか、どちらがいいかを議論する。うす味の関西と濃い味の関東、澄んだつゆの関西と濁った濃い色の関東の違い、また使用する器の関西の白色系統にたいして関東の黒っぽい色系統のものが多いことは、他の地方へ旅行した人に強烈な印象を与えるようである。しかし、近年は東京にも多くの関西風の食べ物屋ができてきているので、以前ほど違和感はなくなってきているが、それでも関西・関東の議論は賑やかである。

この関西と関東の食生活の相違をコンピュータ処理による地図化によって全国的視野から明らかにしたものに鈴木秀夫・窪幸夫『日本の食生活』(一九八〇年)があり、また特に関西と関東の食文化の相違を強調して紹介したものに山口米子『日本の東西「食文化」気質』(一九八七年)がある。それらによると、さまざまな面で東西の食文化には相違があるという。以下で主としてこの二冊の書に学びつつ、いくつかを紹介しておこう。

まず第一に、米および御飯に相違がある。関東は軟質米といい、水分を多く含む米が一般に好まれ、関西は硬質米という水分の少ない米が好まれてきた。米の産地自体が、軟質米は東日本、硬質米は西日本である。有名なササニシキやコシヒカリはいずれも軟質米の系統に属するという。しかし、これは米の流通市場における米穀業者の好みであり、それを買って食べる人々は長年にわたって慣らされてしまった結果として、軟質、硬質のどちらかを好むということのようである。米の保存という点で水分の少ない硬質米が有利であり、天下の台所として全国の米を集める米穀商にとって望ましかったのである。近年は軟質米系のササニシキやコシヒカリが関西でもよく売れている。軟質、硬質の区別は本質的なものではないのである。むしろ、東西の食文化の相違を示すことになる御飯の問題は「東の朝炊き、西の昼炊き」である。関東では、御飯は朝炊いて、朝食に温かい御飯を納豆《なっとう》や海苔《のり》あるいは干し魚で食べるのが普通である。いずれも温かい御飯と共に食べて美味しいのである。納豆は多くの人の経験で関西出身の人があまり好まず、関東の

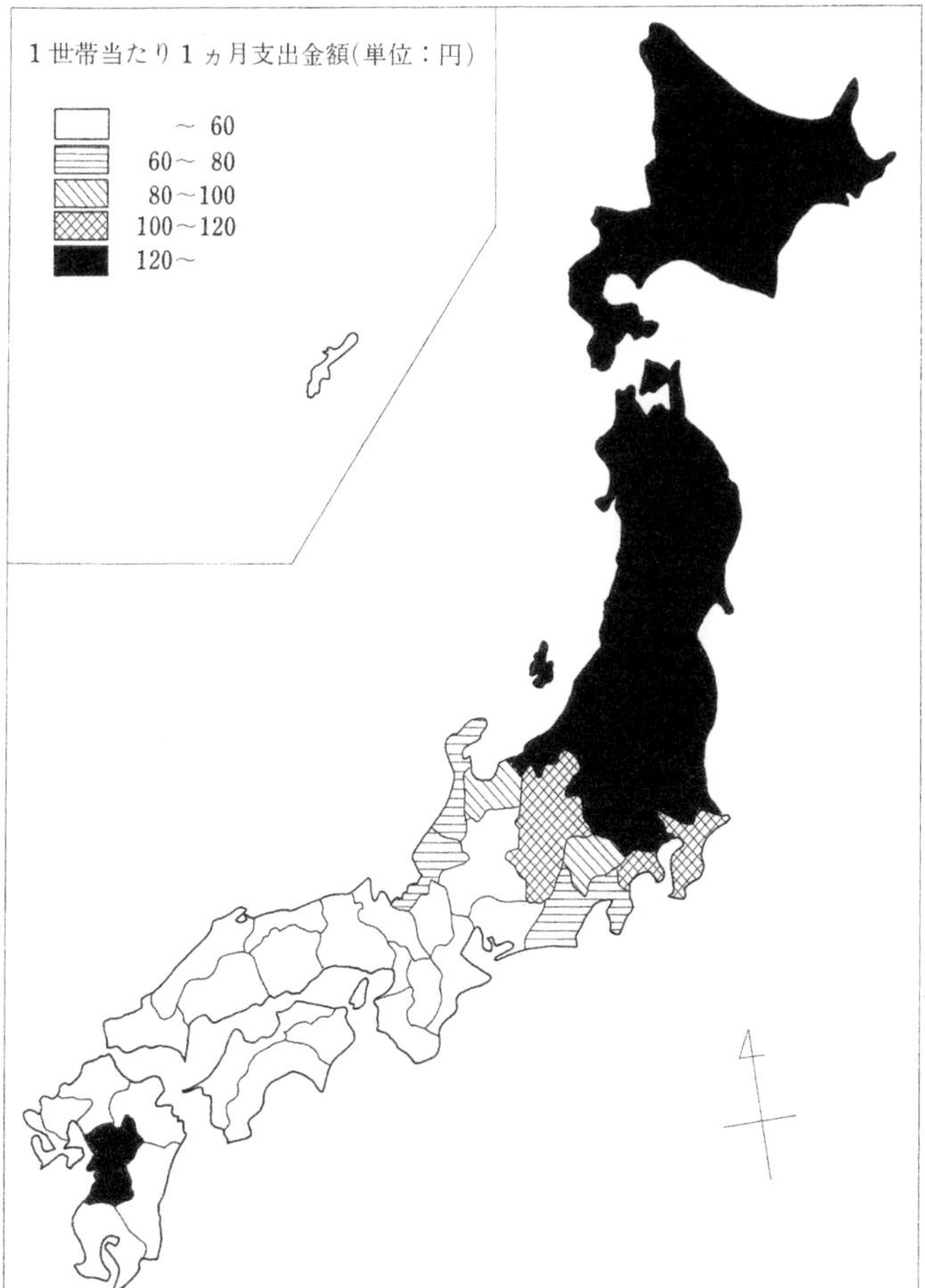

図2　納豆の消費量（山口米子『日本の東西「食文化」気質』1987年，61ページより作成）

人は非常に好み、おいしそうに食べる。その消費量には大きな差がある（図2　納豆の消費量の地域差）。それにたいして、関西では温かい炊きたての御飯は昼に食べ、朝はむしろ前の晩の冷えた御飯を食べるとか、あるいは冷飯をお粥《かゆ》にして食べることが普通だったという。関西では御飯は昼と夜に食べ、朝は必ずしも御飯にこだわらなかった。関東は逆に朝食として御飯を食べるべきだと考えてきたといえる。それは現代の食生活のパターンにも表れている。

第二には、先に述べたように、東京あるいは関東の蕎麦にたいして、関西のうどんがある。東京の街には蕎麦屋が非常に多い。蕎麦屋に入って、「きつね」とか「たぬき」と注文すれば、それは当然蕎麦のことである。昼食として蕎麦屋に行って蕎麦を食べることは一般的である。関西ではうどんが蕎麦の位置を占めているように思われるが、じつは必ずしもそうではない。関西の人間が蕎麦を好まないことは事実であり、蕎麦屋も少ないし、蕎麦を食べることも少ない。しかし、それでは昼食としてうどんを食べるかというと、そうではない。もちろんうどんを食べる人も少なくないであろうが、昼には御飯を食べるという人も結構多いのである。それは「昼炊き」の伝統と言ってよいであろう。関西で目に入るのは「めしや」の看板であり、そこではさまざまなおかずを置いていて、客が自分の好みで組合せて揃え、それと御飯と味噌汁で食事をとるのである。昼食として御飯を食べるのは関西の伝統と言える。しかし、そのことを除けば、関東の蕎麦、関西のうどんという対比は間違いなくできる。関東の人間はあまりうどんを好まず、関西の人間は蕎麦をそれほど食べない。そして、そのうどんや蕎麦の種類においても相違が見られる。近畿地方できつねと言えば、それはうどんのことであり、蕎麦にはきつねという種類はない。そして、たぬきと言えば、それは蕎麦のメニューであり、うどんにはない。

近畿のうどん、関東の蕎麦は外食に頻繁に示されるが、家庭内での食事にもその傾向は表れている。それをはっきりと教えてくれる資料はないが、たとえば、一九八四年の『家計調査年報』の資料によって、麺類の購入量（この麺類には蕎麦とうどんの区別がなく、両者を含んでいる）を「茹《ゆ》で麺」と「乾し麺」に区分して、その購入量の上位一〇都市を見ると、茹で麺の購入量の多い都市は、第八位の甲府市を除くと、全て西日本である。そのなかに関西の京都市（第三位）、和歌山市（第四位）、大阪市（第七位）、奈良市（第九位）、神戸市（第一〇位）と五つも入っているのである。東京都の区部は第四一位と低い。茹で麺は基本的にうどんである。蕎麦の茹で麺は不味《まず》くて売れない。蕎麦は乾したものを購入して、それをさっと茹でて食べるのが基本である。乾し麺の購入量の上位一〇都市は、第九位の名古屋市を除くと、全て東日本である。第一位は長野市、第二位が山形市であり、そのあと浦和市、盛岡市、札幌市、水戸市、甲府市、秋田市と続く。大阪市ははるかに低く、第二三位である。このように乾し麺の購入量が多い都市はいずれも東日本である。これは基本的に蕎麦を購入しているものと推測される。

第三の東西の相違についてて注意してみよう。それはうどんや蕎麦のつゆについてしきりに議論

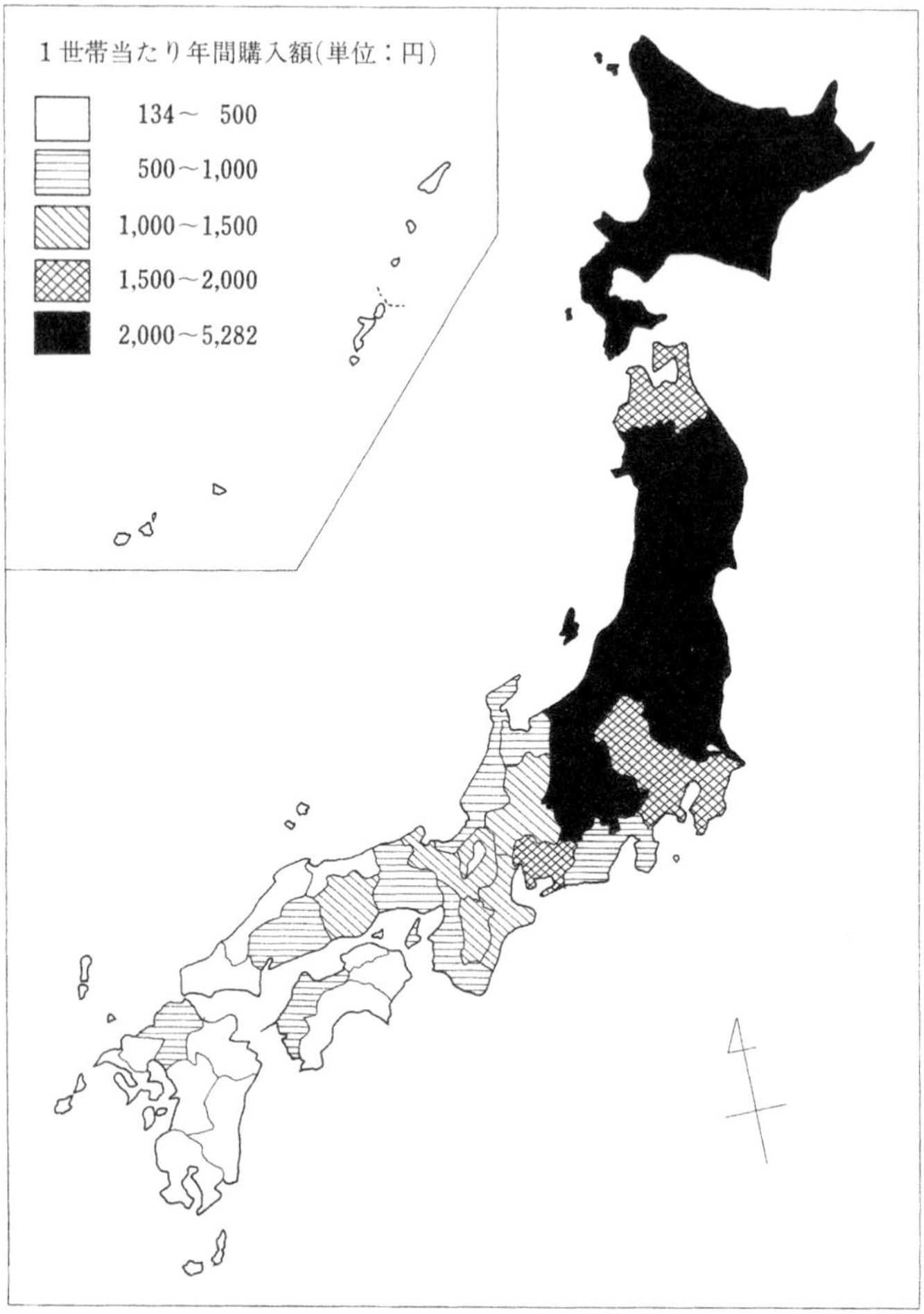

図3　鮭の消費量（鈴木秀夫・窪幸夫『日本の食生活』1980年，21ページ）

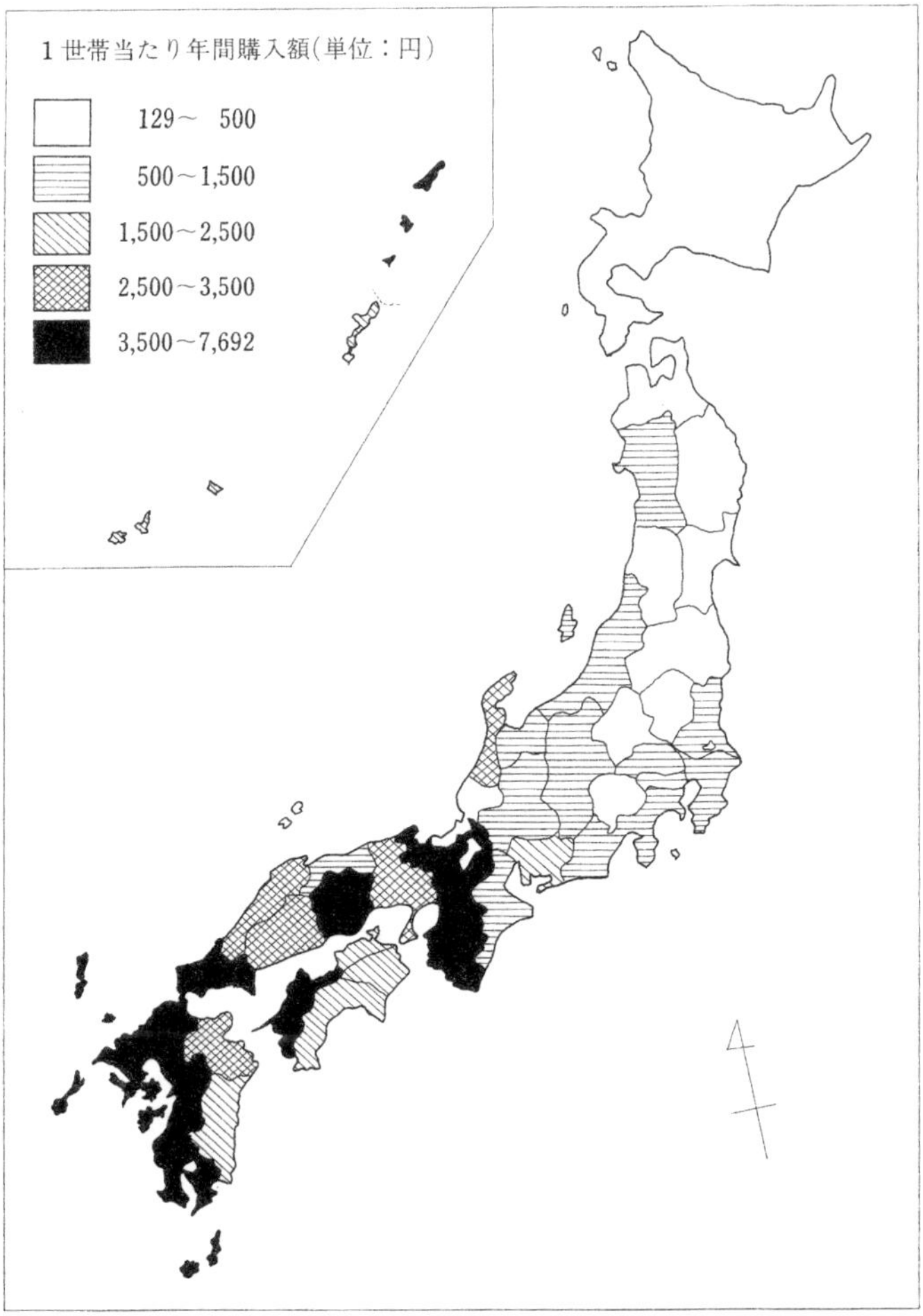

図4　鯛の消費量（鈴木秀夫・窪幸夫『日本の食生活』1980年，43ページ）

される、味や色をつける調味料である。うどんや蕎麦の汁は、関東地方では濃い味であり、色も濃い。それに対して近畿地方では塩味中心の薄い色の汁である。中に入っている具が見えるような透き通った汁が普通である。その味の基礎を作るのは、関東では鰹節《かつおぶし》であり、関西では昆布であることもよく知られている。互いに相手方の味や色について非難する場面はしばしばみかけることである。このことは他の多くの料理についてもいえることで、濃い関東、薄い近畿という対比ができる。その代表は醬油の薄口醬油と濃い口醬油の相違であろう。関東地方はもちろん全国的にみて醬油は濃い口醬油が使用される。それに対して近畿地方では薄口醬油が盛んに使われている。同様に味噌が料理に使われ、また味噌汁が多く飲まれるのは関東地方はじめ東日本である。それに対して、近畿地方から西では酢の使用量が多いことが注目される。

第四は魚の相違である。日本人は海に周囲を囲まれ、海産物を多く食べるということで一括されるが、その食事に出る魚に東西の相違があるという。もちろんそれは、魚の種類によって獲れる海域が異なるということが関係している。しかし、それであればしだいに食べる量が東から西へと変化していけばよいはずである。ところが非常にはっきりと東西の線が引かれるのである。その代表は鮭《さけ》、鱈《たら》、ブリ、そして鯛である。鮭、鱈は東日本でよく食べられ、それにたいしてブリ、鯛は西日本で盛んに食べられている。その傾向は関東と関西の相違としてはっきりと示されている（図3・図4）。正月の魚が、関西方面では鯛とブリであり、関東や東北であれば鮭である。贈答に用いられる魚、神への供物として用いられる魚にこの相違は顕著である。関東はじめ東日本では、年末の食料品店やデパートには新巻鮭がぶらさげられ、賑やかに売られている。それにたいして関西では塩ブリや鯛が使われる。

第五の相違としてやはりよく言われることは、たとえば、カレーライスに入れる肉が、関東では豚肉が普通である。すなわちポークである。単にカレーライスと言えば、それは豚肉入りのカレーであり、牛肉入りのカレーをわざわざビーフカレーと呼ぶ。それにたいして、関西ではカレーと言えば牛肉である。それが常識となっている。したがって特別なメニューとしてポークカレーがある。これは肉うどんとか肉蕎麦というときも同様である。肉丼というもののみを扱う店が外食産業の一つとして急成長したが、この場合の肉は牛肉である。牛丼屋は関西から発達したのであるが、肉では東が豚肉、西が牛肉を好む。そして、飲み屋でも好まれ、また家庭でもしばしば作られる肉じゃがも東西で異なる。東京での肉じゃがは豚肉とタマネギを入れてジャガイモを醬油味で煮たものである。ところが、関西で肉じゃがというと、牛肉、ジャガイモにタマネギ、糸こんにゃく（しらたき）が入り、さらに人参や焼き豆腐も入れる。したがって関西の肉じゃがはむしろすき焼きに似ている。

これらの相違が統計的に表れている。一九七九年の「全国消費実態調査」によると、生肉中に占める豚肉と牛肉の比率を見てみると、明らかに東日本の各県では豚肉の占める率が圧倒的に高く、逆に西日本では牛肉の比率が高い（表1　牛肉の消費量、豚肉の消費量）。生肉中に占める豚肉の率の全国平均は四六％であるが、その平均以上の県は、沖縄（五六％）と鹿児島（四七％）を除くと、全て東日本の県である。その全国平均より高い県の境は富山、長野、愛知より東となる。関東地方は、群馬の六七％、茨城の六三％、栃木の六二％、埼玉の六〇％、千葉の五八％、神奈川の五六％という順になり、東京の五三％が最も低い。近畿地方では、豚肉の占める率は三〇％前後である。京都の二六％、和歌山の二七％、奈良と滋賀の二八％、大阪の三〇％、そして三重と兵庫の三一％となっている。その対照的な様相がよく分かる。そして、これと反対の数字になるのが、生肉中に占める牛肉の率である。牛肉は豚肉に比べて値段が高い。したがって、全国的にそう日常的に多くの牛肉を食べるということはない。しかし、できれば肉料理は牛肉をという指向が働く地方がある。そこでは、必然的に統計数字も高くなる。さて、牛肉の生肉中に占める率は、全国平均では二一％である。その平均よりも高い県は、九州の長崎（一七％）、鹿児島（一二％）、宮崎（二〇％）と沖縄（二一％）を除いた西日本の各県である。その平均以上の県の東側の境は、石川、福井、岐阜、三重である。最も牛肉をよく食べる府県は奈良で、その占有率は四四％である。次いで京都の四〇％、大阪の三九％、和歌山の三八％、兵庫の三六％の順になっている。それにたいして、東京の牛肉占有率は一七％、神奈川一四％、埼玉一一％に過ぎない。北関東の茨城はわずかに六％、群馬、栃木もそれぞれ七％に過ぎない。ここにはっきりと東

表1　生肉中に占める豚肉と牛肉の消費量（%）

都 道 府 県	豚　肉	牛　肉
東　京	53	17
神奈川	56	14
埼　玉	60	11
千　葉	58	12
茨　城	63	6
栃　木	62	7
群　馬	67	7
大　阪	30	39
京　都	26	40
奈　良	28	44
滋　賀	28	34
和歌山	27	38
兵　庫	31	36
三　重	31	32
北海道	65	5
鹿児島	47	12
沖　縄	56	21
全国平均	46	21

注　山口米子『日本の東西「食文化」気質』(1987年)，97・98ページの地図より作成。

の豚肉、西の牛肉が示されている。

関西商法

商人といえば近江商人が代表であろう。各地に進出して店を構え、金を儲け、そして故郷に送金した。故郷に本店があり、主人は暮らしていた。関西は商人の活躍が顕著な地方である。近江商人だけでなく、伊勢商人、松阪商人、大坂（大阪）商人と実に多くの商人が地名を付けて呼ばれてきた。いずれも、地元で商売をしたのではなく、江戸・東京に進出して店を構え、手広く商売をして、蓄財をした商人たちである。しかし、いくら江戸・東京で商売に成功しても本拠地としての故郷を棄てなかった。むしろ本店とか本家と呼ばれる店は故郷に置かれていた。また、より大きく商売する場合にも、江戸・東京ではなく、京都を重視し、京都に根拠地を据えた。いわゆる「江戸店持ち京商人」という形態である。

大規模経営をする商人は関西から登場した伝統は今日でも見られる。その遺産相続の巨額なことで話題となった松下幸之助は和歌山県の出身で、大阪で丁稚《でっち》奉公をして、そこから町工場をつくり、しだいに大きな企業に成長した。有名な成功物語であるが、しかし現代の企業経営者のなかで一代で巨大企業を築いた人物は松下幸之助だけではない。関西出身の多くの経営者がいる。近年話題になった人物だけでも数は多い。以下では、田辺昇一『関西商法』（一九六六年初版、一九八五年新潮文庫版）はじめ各書に紹介された関西から登場した有名な企業家を思い起こしておこう。たとえばスーパーマーケットの代表であるダイエーの創業者中内㓛《いさお》は大阪府吹田市に拠点を置く。彼は最初は家業の薬局を経営していたが、小売よりも薬品問屋がいいと判断して薬品問屋になり、さらにメーカーに依存しないスーパー経営に向かった。今日では関東地方にも多くのダイエーが大きな店を構えているように、全国的な企業になっている。同様に全国規模で展開している大型スーパーにジャスコがある。ジャスコも関西から出てきた企業である。ジャスコは三重県四日市市の岡田屋呉服店が前身である。岡田屋呉服店は近世以来の老舗であるが、高度成長期にジャスコとして急成長したものである。

やはりテレビ等の宣伝で多くの人が親しんでいる会社にアート引越センターがある。電話番号が〇一二三で有名である。この会社の前身は寺田運輸といい、下請けの運送会社であった。ところが、一九七三年のオイルショックで受注が減ったのを契機に、みごとな転身を遂げたのである。そこには時代の動きを先取りするアイデアがあった。アート引越センターの経営者となる寺田千代乃は、ラジオを聞いているときに引っ越しの話が耳に入ってきた。引っ越し産業は巨額であるが、しかし多くの中小規模の運輸業が存在している。そのなかで引っ越しをめぐる商売を考えることになる。寺田千代乃は、引っ越し業者を人々がどのように選んで決めているのかについて情報を集め、日常的には接触しない運送屋を依頼するのは電話番号簿に載っているものにあいうえお順に見ていってかける人が多いと知った。そこで電話番号簿の最初に載るのが有利と考え、アートという会社名にして引っ越し専門の運送会社に変身したという。アートという名称は特別な意味はなく、趣味にしていたアートフラワーから思いついたものだという。そして、主婦感覚で、単に物を運搬するだけでなく、掃除その他のサービスをし、引っ越しの際の煩わしさから解放することを宣伝した。アート引越センターは急成長を遂げたのである。これも関西の企業人の一つの代表例といってよいであろう。

新しい商法を考えて成功した企業には、このように関西から出発したものが多い。たとえば、古くは「よろづ現銀売にかけねなし」で江戸で大きく成長した三井八郎兵衛・八郎左衛門父子（越後屋）があり、戦前では、後にサントリーの銘柄で洋酒業界に大きな位置を占めるようになる赤玉ポートワインの鳥井信次郎、「初恋の味」で売り出したカルピスの三島海雲、また戦後では女性用下着で急成長したワコールの塚本幸一、ファミコンで大ヒットを飛ばし、アメリカで野球の大リーグのチームを買収しようとした程の今や世界の任天堂となった京都の任天堂の山内溥《ひろし》などがある。そして、このような進出がいわゆる関西商法なる言葉を流布させることとなった。その関西商法とは、ひとつには、関西の新しい企業が、宣伝方法やそれに使用するキャッチフレーズにアイデアを凝らし、また商品にもさまざまな新しい工夫をしていることに示されている。よく言われるように、関西のテレビコマーシャルは東京とは随分と異なる。派手で大袈裟であるというのが一般的な評価であるが、これが関西商法と言われるものの原点かもしれない。

依存型の東・独立自尊の西という説

　このような関西系の企業の活躍は、それと対比される東京あるいは関東系の企業との相違をつくっているし、また経営者の相違にもなっている。この相違を、関西の企業に焦点をあてて論じたものが先の『関西商法』という本である。また、歴史的に上方商人と江戸商人の相違を論じたものに宮本又次の「商人気質から見た関西と関東」(『上方と坂東』一九六九年)がある。それらは関西の商人さらに企業がいかに才覚で商売を上手にして、成長発展してきたかについて述べている。そして、その根本的な理由として、宮本の表現でいえば「自らたのみ自らたすくる、町人心」(三二五ページ)が指摘されている。同様に、田辺も「関西企業はたよるべき政治と権威をもたなかった。そのために、たよるべきものは自分の力のみ。個人主義に徹し、すばらしい生命力をもちつづけてきたのだ。生き残るためのねばり強さと、アクの強い個性をもっている」(四四ページ)とし、多くの企業、経営者を紹介した後に、「関西人のバランスシートをとってみると……」として関西商法のプラスとマイナスを対比している。そのプラスポイントの項目をあげれば、「徹底した金もうけ主義」「独立自尊の精神」「実践・成果主義」「少数精鋭・行動主義」「分限を知る」「回転本位」「先見力がある」「ど根性のある商人をつくる」「大衆の心理をつかむのがうまい」である。かならずしも明確な基準があってあげているものではないが、そのなかに社会的性格を示すものとして「独立自尊の精神」をあげていることは「自らたのみ自らたすく」と全く同じことである。そして、この自主独立の気風について、会田雄次の『日本文化の条件』に依拠して関西の風土との関連を指摘している。すなわち四季の変化のあわただしさ、多彩さがもたらしたとする。しかし、これはあまりに短絡的な理解というべきであろう。近畿地方の四季の変化が他地方に比較して顕著であるとはとても言えないことは明らかである。

経済の東京への一極集中化が急激に進むなかで、その弊害が顕著になり、各地方の活性化をはかり多極分散型の経済構造をつくることが今後の課題であるという主張がなされることが多くなってきた。そのような経済界や政府関係機関の掛け声に合わせて、近畿地方では通産省近畿通商産業局の企画で近畿産業活性化懇談会が組織され、一九八九年に「近畿産業活性化プログラム」を作成した。そこで、今後の近畿地方の発展は歴史に育まれてきた「近畿らしさ」に基礎を置かなければならないとして、その「近畿らしさ」を四点をあげた。

第一は「広い視野に立って、自由に行動することのできる精神風土」、

第二は「時代の変化を見通し、機動的に対応する能力」、

第三は「独創性の発揮」、

第四は「文化を育てる風土」、

この四点のうち、第四点を除くといずれも宮本や田辺の主張と共通している。それだけ、このような関西商法や近畿地方経済の特色についての説明は常識化し、一般化しているといえよう。し

かし、なぜそのような「近畿らしさ」が形成されたかになると、ただ近畿地方が長期にわたり日本の政治、経済、文化を先導する役割を果たしてきたという一般的な答えと、後は各特色についての個別的な歴史的背景を提示するだけである。たとえば第一の特色である「広い視野に立って、自由に行動することのできる精神風土」について以下のように説明している。

自由経済の基盤を築いた関西商人と彼らの精神的支柱となった私塾の伝統が広い視野と自由、平等の概念、政治に頼らない自助の精神を植えつけてきた。（近畿産業活性化懇談会『東から西へ・多極化を先導する近畿』、一七ページ）

このような商人、商業内部の歴史的特質からだけではたして説明になるのであろうか。もっと幅広く近畿地方社会の特質を把握して、その一部としての関西商人、関西商法を理解すべきなのではなかろうか。都市の商業活動のみが、近畿地方の農村部から切り離されて展開したわけではないことは、近江商人、伊勢商人等の出自を見ただけでも明らかである。彼らの出身地は多くが近江や伊勢の農村である。したがって、本書の課題の一つは、この関西商法とも呼ばれる、関西の企業や経営の特質とその意味を、近畿地方の農村社会の特質のなかに位置づけて考えることである。

村落類型論と関西・関東

村落構造類型論の形成

岡正雄理論の影響

第二次大戦後の民俗学研究は、戦前の研究を継承する面が強く、相変わらず全国的な比較研究によって、日本全体としての変化、変遷あるいはそのなかでの本源的なものを追求する指向が強かった。そのため、地方の特質とか地域性というべきものに視点を置いた研究はそれほどの進展を見せなかった。そして、柳田国男の認識を継承した日本単一社会、単一文化論が支配的であった。もちろん民俗学研究者の多くはそのような大きな問題について発言することは稀であり、直接的な見解はほとんどないに等しい。しかし、個別の研究は日本単一社会、単一文化を当然のこととしているのである。このような動向にたいして、坪井洋文の一連の研究は大きな衝撃を加えるものであった。日本社会を稲作に基盤を置く単一文化とは理解せず、焼畑＝畑作に基盤を置く社会・文化の伝統を各地の象徴的な民俗、たとえば

「餅なし正月」の中に発見したのである。餅なし正月とは、正月三が日のハレの食物として餅を食べることを禁止し、里芋や蕎麦《そば》、うどんを儀礼食として食べることを習わしとしているもので、東日本、特に北関東から中部地方に広く見られる。餅ではなく、里芋《さといも》や麦製品としてのうどんを食べる点に特色がある。餅が稲作の象徴なのにたいして、それらはかつての畑作文化を微かにハレの食事として今に伝えているのである。ここから日本を稲作文化としてのみ理解してはならないと主張した（坪井洋文『イモと日本人・民俗文化論の課題』一九七九年）。この坪井洋文の仮説は個性的であり、旧来の民俗学に与えた衝撃は大きいが、完全に坪井洋文の独創的見解というわけではなかった。坪井は明らかに戦後の民族学の研究から影響を受けている。

第二次世界大戦後の民族学の一つの特徴は、岡正雄の理論が主導した日本民族形成過程の復元的研究にある。日本社会を形成したのは、時間を異にして日本列島に来たいくつかの種族的文化複合であり、それぞれの種族的文化複合の伝統は今日の日本社会の地域差として示されているという仮説である（「日本民族文化の形成」『図説日本文化史大系』一巻、一九五六年。なお、同趣旨の関連論文とともに岡正雄『異人その他』一九七九年、に再録されている）。岡が提出した文化複合は以下のような四つである。

①父長権的支配者文化（「同族制の祖型であるハラ父系的大家族・氏族組織のうえに立ち、大家族・氏族・種族という縦の三段に構成され」る社会構造、高天原《たかまがはら》神話、神出現の垂直的表象、父系的英

雄神的祖先崇拝）

②男性的・年齢階梯制《ねんれいかいていせい》的漁撈－農耕民文化（年齢階梯制的村落構造の上に成立、水稲文化とそれに伴う儀礼、霊魂観、高床建築、若者共同宿舎、不浄小屋、産小屋などの建造物）

③母権的稲作民文化（母系・母処婚的社会構造、女家長的女酋制、天照《あまてらす》神話）

④母権的・秘密結社的栽培－狩猟民文化（③の文化と本質的には同一地盤に生育したもの、秘密結社、「神－祖霊－妖怪の出現を水平に表象」、死者・先祖の国を海のかなた、地下に妣《はは》の国）

このうち、日本列島にはまず④が東南アジア方面から最初に渡来し、その後④と本質的には同じ③が中国江南を経て日本列島に来た。次いで②がやはり東南アジアから渡来し、最後に①が大陸から渡来したものと推定している。社会や文化は個別要素ごとに存在するのではないし、また移動したり、伝播《でんぱ》したりするのではない。相互に関連して、一つの全体像を形成しているのである。そのような相互に関連して一つの体系をつくっているものを文化複合と呼んでいる。そして、そのような特定の文化複合をもった人々が移動することによって、文化も伝播したと考える。岡学説はそのような新しい見方を示してくれたのであり、日本列島内の地域差を長い歴史として理解できる可能性を気づかせてくれたといえよう。

日本を単一社会、単一文化と考えない岡学説が活字となって世に出たのは一九四九年である。それは有名な江上波夫の騎馬民族征服説と同じ機会に表明されたものであり、その記録として日本民族学会の機関誌『民族学研究』に掲載された（同誌一三巻二号、後に岡正雄他『日本民族の起源』一九五八年、として刊行）。江上の騎馬民族征服説がセンセーショナルな内容であったため、人々の耳目《じもく》はそちらに集中され、岡学説は必ずしも一般化しなかった。しかし、江上学説同様に重要な提起を含んでいた。しかも、その学説は戦前に形成されたものであり、講義その他の機会には早くから表明されていた。学問的には江上学説よりも岡学説の方がより実証的な内容を持ち、研究上の仮説としての役割を果たした。特に、岡の指導によって多くの若い人類学者、民族学者が登場したことによって、少なくとも一九五〇年代の日本の民族学の共通認識であった（山口昌男「人類学的認識の諸前提――戦後日本人類学の思想状況――」『思想』五〇八号、一九六六年）。このような岡学説を基礎にしながら、日本社会の地域差研究がなされ、日本社会、文化をいくつかの類型として把握する試みがなされた。その基本的潮流を形成したのは岡の教えを受けた若い民族学研究者たちであった。日本の村落社会の構造を大きく二つないし三つの類型として把握する、いわゆる村落構造類型論が展開した。しかし、その展開に大きく影響し、さらに他の諸科学にも広範囲に影響した学説がほぼ並行して出されていたことも忘れてはならない。

同族結合と講組結合

それは社会学の福武直の村落類型論を出発点にしているもので、いわば社会経済的な理解である。戦後の一つの潮流である経済的な発展段階によって社会の地域差を理解しようとする理論である。福武は、有賀《あるが》喜左衛門の家連合論を基礎において、日本の農村社会を「同族結合の村」と「講組結合の村」の二類型として把握し、それを地域差の問題としても提出した（『日本農村の社会的性格』一九四九年）。すなわち、「同族結合の村」が東北日本型であり、「講組結合の村」を西南日本型とした。もちろん、このような地域名称を類型に与えたからといって、この二類型が地域差として明確に区分できるわけではないし、福武もそのようには考えていなかった。むしろ、福武の理解は、「講組結合の村」が先進地域の村落であり、「同族結合の村」は経済的に後進地域であることに重点を置いているのである。そこには戦前からの経済史・経済学の東北型・近畿型の二類型論が大きな影響を与えていることは間違いない（山田盛太郎『日本資本主義分析』一九三四年、戸谷敏之『徳川時代における農業経営の諸類型』一九四一年等）。しかも、この経済的な先進・後進と分布の東北日本・西南日本は常識的な解釈においてもあまり矛盾することなく結びつくものであった。したがって、後進地域の東北日本の「同族結合」、先進地域の西南日本の「講組結合」という二類型論として大きな影響を与えた。

福武の同族型・講組型の二類型論と岡の複数の種族的文化複合渡来併存の仮説が、一九五〇年代から六〇年代にかけてのいくつもの村落構造類型論をもたらしたと言ってよいであろう。その間には、法社会学の村落類型論が展開しており、議論が盛んに行われた。法社会学では、たとえば磯田進の「家格」型と「無家格」型の二類型論が代表であるが（磯田進「村落構造の二つの型」

『法社会学』一号、一九五一年)、その説はおおむね東北日本と西南日本に対応するものであった。そして、諸説が融合し、あるいは結びついて、村落構造類型論は基本的には、日本を東北日本と西南日本の二つに分けることを一般化した。それを主導したのは蒲生正男(「日本社会の地域性」一九五二年、『日本人の生活構造序説』一九六〇年、所収)、江守五夫(「本邦の《一時的訪婚》慣行の発生に関する社会構造論的考察」『社会科学研究』八巻二、五〜六号、一九五六〜五七年)、住谷一彦(「日本農村社会学の『共同体論』分析」『共同体の史的構造論』一九六三年、なお、その説は二類型ではなく、「同族階層制」社会、「年齢階層制」社会、「世代階層制」社会の三類型を提示している)などである。

彼らによって展開された村落構造類型論は、岡理論の延長線上にあり、基本的には東北日本の同族制村落、西南日本の年齢階梯制村落とするものであり、その類型間に経済条件、特に生産力の発展による変化を説かないところに特色があるといえよう。日本社会、文化の形成過程まで遡る類型であり、地域差なのである。すなわち諸類型は同質社会における時間差を示すものではなく、諸類型は異質なものと把握し、質的差異を発見しようとする。

村落類型論と近畿地方

以上のような一九五〇年代から六〇年代にかけて主として法社会学、文化人類学において展開した村落構造類型論で近畿地方村落はどのように位置づけられていたのであろうか。いずれの説においても、基本的には近畿地方村落は西南日本型の地域として位置づけられている。近畿地方と他の西南日本の諸地域との区別はほとんどされていない。むしろ、必要なときには西南日本のイメージを近畿地方の例で得ている場合も少なくない。福武直の西南日本の「講組結合」の村も同様である。そして、これはその後の東日本・西日本の対置的な見解に継承された。

日本列島における方言の東西の相違、民俗の東西の違いに学びつつ、従来の日本単一民族史観ともいうべき歴史認識を痛烈に批判したのが網野善彦である。網野は『東と西の語る日本歴史』(一九八二年)において、日本の歴史を一つのものとは考えず、日本を東国と西国に分け、それぞれに異なる歴史が展開したという、日本単一社会、単一文化、単一民族論を批判する新しい学説を主張した。そのなかでは、当然のことのように近畿地方は西の一部、というよりも西そのものとして理解されている。しかし、同時に西国として九州の問題が登場してくる。そこには近畿地方と九州や四国との差異や区別は見られない。このように、類型論や地域性論における東と西、東国と西国、東北日本と西南日本等々の対比は、いずれも近畿地方の特質を西、西国、西南日本の特質と考えており、同じ西、西国、西南日本に入るであろう九州や四国あるいは中国地方との差異、相違、区別を考えることは少なかった。もちろん西南日本でも近畿地方は異なることに気づき、近畿地方に濃密な分布を見る宮座に注目した住谷一彦のような研究者もいる。住谷は「小河内峰部落の村落構造」(一九五八年。後に『歴史民族学ノート』一九八三年、に再録)において、村落構造類型をA型（双系的＝農民的社会）とB型（父系的＝武士的社会）に分け、そのA型をさらに「年齢階梯制の原理の貫徹されている村落社会の類型と『二分組織』と座制を伴う祭祀組織の結合類型」との二つに分ける考えを表明している。この考えは、その後も「座制村落」とか「宮座制村落」という語で展望が示されたが、その後明確に類型論として展開はしていない。

村落類型論の新展開

当屋制村落論の登場

以上のような長年の動向にたいする反省は、かつての村落構造類型論の代表的研究者の一人である蒲生正男によってなされた。すなわち西南日本の一部としての近畿地方から独自の地域としての近畿への認識の変化をはっきりと示す、新しい村落構造類型論が提出されたのである。蒲生正男は一九七九年に発表した「日本のイエとムラ」において、

日本の伝統的ムラ社会は、〝同族制村落〟と〝年齢階梯制村落〟というふたつの異なるイデオロギーに支えられたものが対局的に存在してきたが、そのいずれもがどちらかと言えば少数例であり、現実的にはそのいずれでもないムラが多数例として存在してきたと言わねばならないだろう。こうした第三のムラのひとつの典型は〝頭屋制《とうやせい》村落〟とよびうる構造をも

ってきた。それは神社祭祀のトウヤ、葬儀の際の墓地の穴掘りに従事するヤマシ、その他ムラの公共的作業の当番などが、すべて地域社会を構成する各戸が順送りで平等に負担するのを特色としている。加えてムラの諸経費の分担も、所得や不動産などにあわせながら実質的平等をはかり、またムラの内部で各種の講を営んで、そのトウヤも各戸の順送りで平等につとめることなど、近隣関係を基盤とする互助と協同が著しく、長期的にみて各戸の対等、平等を貫いているのを特徴としている。（蒲生正男「日本のイエとムラ」『世界の民族』一二巻所収、四三ページ）

と説明した。ここで言う特徴は、ごく平凡な村落社会のあり方を述べたものであり、トウヤ（頭屋）という用語を除けばそれほど奇異な感じを与えることはないであろう。村落は家を構成単位としており、その家が順番に当番や仕事を担当するという原則によって村落運営がはかられているということは、多くの人の経験として知っていることである。それでは蒲生は、この頭屋制村落を日本のどの地方の、どのような条件の所に分布すると考えていたのであろうか。その点については次のように述べている。

それは定着的な、そして各戸の自立自存が可能であるような、安定的な農耕を基盤として成立したものであり、しばしばこの種の事例は、近畿地方や中国地方などの歴史の古いムラにみることができる。（同論文、四三ページ）

このように、近畿地方や中国地方の村落社会の特質を一つの類型として把握して、従来から言われてきた西南日本型のいわゆる年齢階梯制社会と区別しようとした。それは用語にも明示されている。頭屋制は近畿地方から中国地方にかけて顕著に見られる村落祭祀の方式なのである。蒲生はこの考えを積極的に展開しようとしていたようであるが、残念なことに本格的な検証の前に急逝し、十分に明確にならないままに頭屋制村落（後には当屋制村落）という用語のみが一般化して残されたのである。そして、その後の研究において、しばしばこの蒲生の説が最新の類型論であるかのように扱われ、当屋制村落は定着しつつあるといえよう。しかし、この蒲生の理解する当屋制村落の内容についてはいくつかの問題がある。特に、その問題の第一は、当屋制村落が、家を単位とした当屋、当番による村落運営が基本で、そこでは各戸の平等・対等を原則としているとする点にある。本稿で検討するように、近畿地方村落の特質は家を単位にしている蒲生のいう当屋制村落とは把握すべきではなく、個人に基礎をおいているのである。むしろ彼のいう当屋制村落は関東地方や東海地方において顕著にみられるものであり、近畿地方の村落から抽象される村落類型は別のものとして把握すべきなのである。

蒲生の当屋制村落論については問題があるにしても、それは西南日本からの近畿地方村落の自立を示すものであった。近畿地方に基礎を置く独自の村落類型を設定する試みとして充分に評価に値し、また批判的に継承すべきものなのである。本書も蒲生の当屋制村落論に大きく影響をうけながら、近畿地方村落を独自の村落類型として把握し、その積極的意味を提示しようとする。

無視された関東村落

他方、関東地方の村落の位置づけはどうであったろうか。戦後展開した村落構造類型論において関東地方の村落がその論拠になったことは無かったといえる。近畿地方村落の場合は、安易であったとはいえ、常に西南日本村落のなかに近畿地方は入れられ、必要に応じて西南日本型の内容を示すときには近畿地方の例や特色が使用されてきた。それに対して、関東地方の村落はほぼ完全に無視されてきた。東北日本型村落の村落構造をいうときに関東地方の例が示されることは皆無に近い。東北地方や中部山間部の村落が根拠となって同族制村落は提出された。関東は忘れ去られた存在であった。したがって、関東地方の村落が村落構造においてどのような特質を有するかは非常にあいまいにされてきたと言わざるをえない。しかし、恐らく多くの論者は問われれば、関東地方村落は東北日本型であるとか同族制村落であろうと回答するであろう。それはさして根拠があるわけではなく、地理的に東日本であるということからくる判断に過ぎない。

日本歴史を東西に分けて把握することで、日本単一民族論を批判する網野善彦の理解では、当然のことながら関東地方は東の代表あるいは中心である。それは武士団の発展から鎌倉幕府の成立にいたる過程にもっともよく現れているであろう。網野善彦のいう東国国家の成立過程である。しかし、そこでは政治過程中心の考察となっている。ただ「イエ的社会とムラ的社会」という東西の対比は、明らかに東国のイメージを関東で得ている。イエ的、家父長的、主従制的な東国、堀之内に典型的に示される東国は明らかに関東地方のものであった。それは、恐らく網野善彦も指摘するように現在の民俗につながるものであろう。そうであれば、関東地方の民俗、あるいは村落構造を明確に摘出し、東北地方なり中部山間地方の村落の民俗や社会構造との異同を明らかにせねばならないであろう。本書の課題である。

村落景観の特質

資料としての景観

車窓からの景色

東海道新幹線に乗って東京駅から新大阪駅へ行く時に車窓に展開する景観は、いわゆる太平洋ベルト地帯としての都市化、工業化がまず顕著に目に入ってきて、どこでも同じような風景として目に写るが、その間に見られる農村風景を少し注意深く観察すると東から西へ向けて走るなかでしだいに景色が変わっていくことが分かるし、さらにその目で新しい都市住宅の様相を見ると同様の印象を得ることができる。たとえば大都市近郊には同じように新興住宅地が展開しているが、横浜近郊や神奈川県内の住宅地は、小さな家が立て込んでいても、各家はブロック塀や垣根で囲まれ、また猫の額ほどの庭に庭木が植えられている。

それにたいして、滋賀県や京都近郊の住宅地では、家と家の間が隙間がないほど近接して、しかも数十軒が並んでいる所が多い。田圃《たんぼ》のなかに造られている住宅団地が一つの塊《かたまり》のように見えるほど家が密集しているのである。また京都や大阪の市街には今でも長屋が珍しくない。道路に接して長屋が続いている町並みをあちこちで見ることができる。古い建物の長屋だけでない。近年建てられたと思われる長屋もある。長屋であるから貧しいとか見すぼらしいという印象は与えない。小奇麗にした家が続いている。それにたいして関東ではアパートは多いが、いわゆる棟割《むねわり》長屋はほとんどないといってよい。長屋は関東地方では貧乏の代名詞でさえある。本来住むべきところではなく、たまたま貧乏しているので仮に住んでいるのだという意識が強かったのであろう。

現代の新しい住宅地を含めて、その景観上の地域差的な相違は、それぞれの地域における自分たちの生活環境をいかに編成するかと

図5　現代京都の長屋

いう問題であり、そこに住む人々が長い歴史のなかで自分たちの生活に適した形で自然を利用し、事物を配置してできたものの相違である。相違は偶然生じたものではなく、社会や文化の相違に密接に関連しているものと予想される。

景観を資料に

従来、村落を外から見て把握することは民俗学や民族学、社会学等の研究法としては重視されることがあまりなかった。特に民俗学では柳田国男の民俗資料の三分類が大きな影響を与えてきた。柳田国男は『民間伝承論』（一九三四年）や『郷土生活の研究法』（一九三五年）のなかで、民俗資料をそれに近づく方法によって、①有形文化あるいは生活諸相、②言語芸術、③心意現象の三つに分類した。有形文化は目に見える事象であり、旅人が目によって観察して得られるものであり、言語芸術は音として聴くことができる事象であり、単なる旅人では把握できず、そこにしばらく滞在する寄寓者が目と耳とによって獲得できるものである。そして第三の心意現象は非常に分かりにくい内容であるが、価値観、感覚、意識等にかかわる民俗のことであり、それは他所者《よそもの》には把握することが困難な事象で、ただ同郷人のみが感覚を共有することではじめて把握することが可能であるとした。この民俗資料の三形態のうち、第三番目の心意現象が民俗学研究にとって最も意義のある事象であるとした。その点では、一九七〇年代から日本において盛行したフランスのアナール学派の社会史が強調した心性と共通するものであろう。

柳田国男がこのように心意現象に最大の価値を置いたため、民俗調査はたとえ他所者の村落社会を訪れての調査であっても、心意現象を把握するべく努力すべきであり、そのために聞き書をするのだという理解を一般化した。単に目によって観察する有形文化は価値の低いものとされてしまったのである。心得としては、ムラに入ったらよく村内を歩いて、観察し、特別なものがあったら心に留めておいて、伝承者に会って聞くときに、それを話しの手がかりにしろという指示がなされていた。しかし、観察そのものを記録し、資料化するということは考えられなかった。そのため、村落を訪れながら、その村落の姿や形を資料として活用するという努力はほとんどされることがなかった。

民俗調査とか社会調査といえば、村落内で行われている組織、制度、行事等の事象を、自分の身体に体験的に集積している特定の伝承者から聞き書という方法で間接的に把握することであった。観察を必要とする集落の景観、およびその景観を形成している立地、事物の配置、事物の形態などについては民俗調査の対象とはなってこなかった。そのため、景観がどのように社会や文化と関連するかについての考察はほとんどされてこなかった。しかし、東海道新幹線の車窓から確認できる景観の相違は、民俗の地域差と無関係ではないし、それが社会や文化の相違や地域的特質を考える大きな手掛かりであることは間違いないであろう。

それぞれの地域で、先祖たちが環境を自分たちの生活空間として開発したときの考えや判断、またそれ以降各時代の条件のなかで創意工夫されて設けられてきた装置や設備が景観を形成している。その総体が現代に残された歴史資料といってよいであろう。現代の景観を把握し、それを解きほぐすことで、地域の歴史過程を明らかにすることができるし、その地域間の相違からはそれぞれの歴史の相違を考えることができる。以下では、関東地方の村落と近畿地方村落を対比することでそれぞれの景観上の特質を明らかにし、その意味を考えることとしよう。

集落の色と形

緑と黒、青と白

東京から大阪に向けて東海道新幹線で移動しているときに、新横浜を出て、列車が西へ進むなかで車窓から見える農村風景は、田畑のなかや山裾に展開する緑の塊である。特に春から夏にかけては、家々はわずかに屋根の一部が見える程度で、その全体は緑の木々に囲まれている所が多い。猛スピードで走る車窓からの印象は、集落が家々の集合した姿としては見えず、大きな緑の塊、すなわち一つの林のように見えてしまうほどである。田圃《たんぼ》や畑が展開している平野のなかに幾つものそのような塊《かたまり》を見つけ、そこが集落であると判断するのである。このような傾向は、東北新幹線や上越新幹線に乗って北へ向かったときの方がさらに顕著である。北関東に入ると、田畑の広がる平野のあちこちに林が点在しているように見える。それが農家が集まっている集落なのである。ときには一つの塊がひとつの屋敷であることもある。このような緑の塊は神奈川県から静岡県まではごく普通の姿である。ところが、浜名湖を過ぎるころから少しずつその景観に変化が見られる。そして、名古屋を過ぎると決定的に違ってくる。

それは目に入ってくる農村の色が黒に変化するのである。家々の塊そのものが、屋根瓦や壁の色によって黒い塊として目に飛び込んでくる。しかも、その塊は大きい。関ヶ原を越えて近江《おうみ》に入れば、農村風景は平野のなかに展開する黒い大きな塊である。その塊のなかに一際大きな屋根が聳《そび》えていて、集落のほぼ中央部に寺院が所在していることを教えてくれる。塊のなかに少しは緑色が混じっているが、それはごくわずかであり、印象としては強くないのが普通である。目を凝らしてよく見ると、塊は家と家が接するかのように並んでおり、家と家の間に田畑や空き地がない。そして、家の周囲には木々は植えられていない。また垣根や塀もあまり顕著ではない。個別の家が裸の状態で他の家と接し、並んでいるのである。車窓から見れば、遮《さえぎ》るものがない露《あらわ》な形で個々の建物が目に入ってくる。その色が黒いのである。

このような集落景観の相違については、いちはやくすでに柳田国男によって注意されていた。柳田国男は、それを以下のように、青と白という色の対比で表現している。

汽車で走れば一日路ですが、関東の村々と畿内の村々とは村の外形が丸でちがひます。関東では宅地の周囲に樹木があり畠があり、村は一言でいへは青いと云ふ感じを与へます。上方

図6　緑の集落（静岡県沼津市大平）

図7　黒の集落（三重県四日市市川島町）

では純然たる農村でも人家が密集して樹木が少なく、白壁や瓦屋根が露出して居りまして、一言にいへば白いと云ふ感じであります。（柳田国男「農業経済と村是」『定本柳田国男集』一六巻所収、一八ページ）

柳田国男の時代には、関東の青に対して、近畿の白であったが、それは柳田の白壁についての強烈な印象によるものである。たしかに白壁が顕著に見られたものと思われる。戦時体制下で空襲を警戒して多くの白壁が黒く塗られてしまった結果が、現在の印象に関連している。しかし、それよりも早く屋根の瓦葺きが普及したことも忘れてはならないであろう。特に、新幹線の車窓から見る印象が黒いと表現できるのは、新幹線が高架で走っていて、車窓からの眺めは集落を上から見る形になって、屋根の瓦の黒が強く印象づけられるということである。なお、集落の色の相違というほぼ同様の指摘は宮本又次によってもなされている（『上方と坂東』一九六七年）。宮本はその第一章「農村の形態から見た関西と関東」を次のような文章で始めている。

関東の村と畿内の村とはその形態が大いに異なっている。関東では宅地の周囲には樹木があり、畠があり、村はどちらかというと青い感じである。上方では純然たる農村でも人家が密集し、樹木が少なく、白壁や瓦屋根が露出していて、一言でいうと白い感じである。（同書一一ページ）。

その文面から判断して柳田の指摘を借用したものであることは明らかであり、独創的な見解ではない。むしろ柳田の着眼点の独創性を示すものといえよう。

小さい緑・大きい黒

関東の緑、近畿の黒は、集落を構成する個別の家の姿を示すものであるが、その緑の塊と黒い塊の大きさに相違があり、緑の塊は小さく散在的である。緑の塊が田畑のなかに、あるいは山を背にした麓に点在している。集落が緑の塊に見えるのは、集落を構成する各家の周囲が緑の木々で囲まれているからである。屋敷の周囲には大きな欅《けやき》とか榎《えのき》、あるいはくぬぎの木が植えられており、母屋の棟よりも高く生い茂っている。またそれらの木の下には低い木々が垣根の役割をして密度高く植えられている。したがって建物と建物が接して並んでいるということは少ない。すなわち、家々は密集していない。そして、しばしば屋敷と屋敷の間に田畑がある。隣の家といっても、軒が接するとか建物が並ぶという印象を得ることはない。そのような個別の集落は小さく、しかも散在的である。集落を構成する家、すなわち屋敷の数は少ない。数軒ずつのグループに分かれて、互いに少し距離を置いて集落が分布しているのが普通の姿である。

それにたいして近畿では黒い塊が大きな規模であり、その姿は家々の密集した状態を表現している。家と家は垣根、塀等で囲まれることが少なく、壁を接して並んでいる。黒い塊という印象は、もちろん家屋の屋根の色が瓦の黒によって与えられるものであるが、それに加えて建物自体が直接道路に接して、その板壁の色が目に飛び込んでくるからである。そして、個々の屋敷としては空間が少なく、また屋敷と屋敷の間には空間がない。家と家の間は、都市の市街地と同様に、わずかに歩いて通れる程度の隙間があるだけという場合も珍しくない。家々は密集しているのであるが、その規模も大きい。すなわち家数は西の黒い集落の方が多い。

以上のような集落景観の相違は農林統計に反映して統計数字として出てきているのであろうか。その相違を農林統計で確認しておこう。五年ごとに行われる農業センサスには、農業集落調査という一つの柱がある。その一九七〇年世界農林業センサスの農業集落調査の調査項目に「農業集落の形態」があり、集落形態を散在、散居、集居、密居の四つの類型に分けて図示し、全国の農業集落がどれに該当するかを調査している。当然のことながら都市化、住宅地化の進行は密居集落の比率を増大させており、南関東、東海、近畿は密居集落がいずれも一〇％以上を占めている。そこで、現在なお伝統的な農業集落の形態を保っている率が高いと思われる北関東の栃木、群馬の二県および東海地方の静岡県と近畿地方の周辺部になる滋賀、三重それに北陸地方の福井を比較してみよう。すると、明らかに集落形態の相違が浮かび上がってくる。滋賀県や福井県では、散在集落と散居集落の合計はわずかに一〇％強に過ぎない。特に福井県では六％であることに注目しなければならないであろう。滋賀県や福井県では農業集落の八〇％以上が集居集落であり、これが集落の基本形態であることを示している。三重県の場合はやや集居集落が少ないが、それでも七〇％を超えている。関東地方でも集居集落が多数派であることは間違いない。しかし、そ

表2　農業集落の形態別構成比（%）

	散　在	散　居	集　居	密　居
全　国	18.2	20.7	52.7	8.4
栃　木	19.1	29.1	45.0	6.8
群　馬	10.1	16.7	65.5	7.7
静　岡	12.0	16.5	54.0	17.5
滋　賀	3.1	9.1	81.6	6.2
三　重	8.0	15.2	72.2	4.6
福　井	1.7	4.3	86.2	7.8

注　農林省統計調査部『1970年世界農林業センサス農業集落調査報告書』(1972年）による。

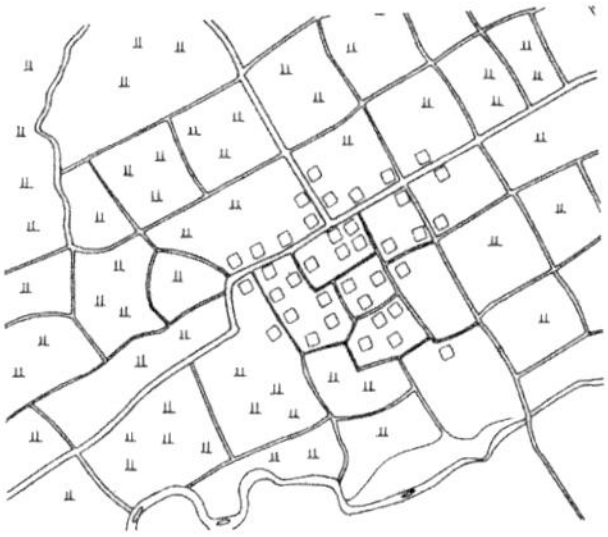

模式図3　集居集落

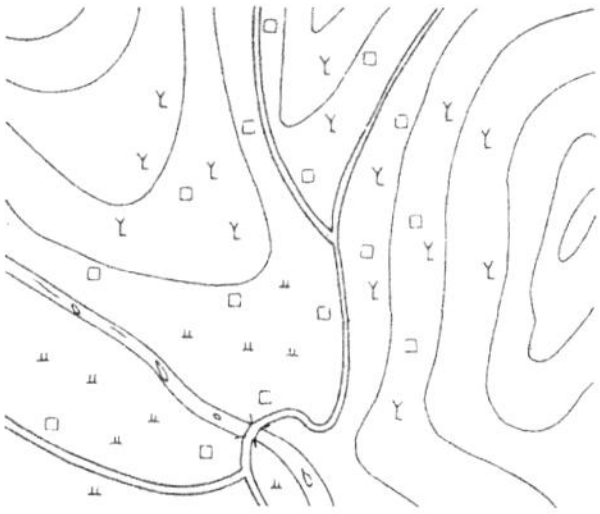

模式図1　散在集落

模式図4　密居集落

模式図2　散居集落

図8　農業センサス農業集落調査の集落模式図（農林省統計調査部『1970年世界農林業センサス農業集落調査報告書』1972, 8, 9ページ）

の占める率は近畿地方に比較してはるかに低い。群馬県で六五%、栃木県では四五%に過ぎない。その少ない分だけ散在集落や散居集落が多くなっている。たとえば、関東の栃木にもっとも顕著に示されているが、散在集落と散居集落の合計が四八%を超え、集居集落の数字よりも大きくなっている。その他の県でも、西の三県に比較すれば格段に散在・散居集落の占める率が高い（農林省統計調査部『一九七〇年世界農林業センサス農業集落調査報告書』）。

日本一小さな家

関東の緑の塊よりも近畿の黒い、あるいは白い塊は大きい。ところが、塊を構成している個別の家の大きさは間違いなく関東の方が大きい。大きな屋根、広い間口が一般的である。近畿地方の家はそれに比べればはるかに小さい。柳田国男は自分の生まれた家を「日本一小さな家」と表現したことは有名である（柳田国男『故郷七十年』『定本柳田国男集』別巻三所収、一五ページ、一七ページ）。そして、その家の小ささが嫁姑の葛藤《かっとう》を引き起こし、兄嫁が実家に帰ってしまうという悲劇となって、幼い柳田国男の胸を傷めさせた。柳田は自分の民俗学への志はそこから始まったと回顧している。確かに兵庫県神崎郡《かんざきぐん》福崎町《ふくさきちょう》辻川の生家が小さい家であることは間違いない。現在生家は辻川にある柳田国男・松岡家記念館に移築されて保存されている。それを見ると田の字型の四間取りという点では日本の中央部の農家建築の一般的な形式を示すが、その四つの部屋は四畳半が二部屋、三畳が二部屋なのである。これはいかにも小さいという印象を与え、しかもそれが地主の家の貸し家であったと想像されることで、この間取りが貧しい水呑百姓の家であったことを物語り、読者は何の疑問もなく「日本一小さな家」であったことを了解する。

しかし、福崎町はじめ近畿地方のムラで農家の建物を観察してみると、柳田の生家とそれほど変わらない大きさの家が多いことに気づく。決して日本一というほどのことではない。「日本一小さな家」というのは、彼がその後一三歳のときに移り住んだ茨城県利根郡利根町布川《ふかわ》の利根川縁の農村の家のイメージが大きく影響しているからであろう。現在でもそうであるが、台地の末端の崖下に大きな屋敷の農家が並んでおり、それらの屋敷の周囲は樹木が植えられ、家屋は棟の高い大きな母家《おもや》を中心に、納屋《なや》とか蔵が配置されている。それは布川だけのことではなく、関東地方ではどこでもごく普通に見られるものである。このような関東の農家建築に比較すれば、近畿地方の一般的な家ははるかに小さいのであり、そのなかで借家であった柳田の生家はよりいっそう小さかったに過ぎない。

柳田の生家のような個別の小さな家が大きな塊を形成するということは、その塊を構成する家数が多いことを示している。近畿地方村落は、一つのムラの構成戸数が非常に多く、一〇〇戸を超えるムラも特に珍しくない。関東地方の農村では、一つのムラは五〇戸もあれば大きいムラということになる。しかもムラとしての社会的単位は五〇戸であっても、家々の集合した状態の集落としてはいくつかに分かれており、一つの集落は一〇戸とか一五戸というのが一般的な姿である。

以上の説明は農村の集落景観について述べたものである。同じ農村でも、これほどに生活空間の形成の仕方に相違があるのである。それでは、都市の景観ではどうであろうか。まず、鉄筋コンクリートとか鉄骨造りの巨大なビルが立ち並ぶ以前の伝統的な都市の町屋と町並みを検討しておこう。玉井哲雄が近世の代表的都市である江戸と京都の町屋と町並みを取り上げて比較考察している（玉井哲雄「江戸の町屋・京の町屋」『列島の文化史』一号）。

町屋・町並みの東西

まず、残されている絵画や写真によって得られる印象として、「江戸の町家の様相は、京の町家とはかなりちがっている。あえていえば、それぞれが控え目でありながら洗練されている京の町家に対して、江戸の町家はなにか威圧的で重々しいということになる」と総括し、具体的に検討している。町並みを構成することになる個々の町屋の規模と形態を比較してみると、京の町屋は、間口が三間から三間半であり、奥行きは約一五間が標準規模であったのにたいして、江戸は間口が五間ないし一〇間で、奥行きは約二〇間であったという。東の江戸の方が西の京よりもかなり大規模な屋敷構えであったことが分かる。これは農村の屋敷の東西の相違に対応している。

そして、さらに注目されるのは、町並みの形成に関係の深い各家の建て方である。京の町家は、「一つの屋敷に対して一つの町家が建てられることがその成立過程からみても原則であった」と理解し、その平面形式の特色は隣の家と壁を接して建てるのが原則であったとする。その壁に接する家々が横に並んで屋根を重ねる形で町並みを形成し、全体として調和のとれた街並み空間を形成していた。このような建て方なので、隣家との間にほとんど空間がない。そのため、柱を建ててから、外側に回って壁を塗るほどの隙間がなかった。そこで、建築技法としても、隣家との境の壁はパネル状に作り、壁土を塗った後で建て起こすという方法を採用していた。

　それにたいして、江戸では一つの屋敷には幾つかの建物が建てられることが多く、特に奥行き五間までの部分と裏側の長屋の二つの部分から構成されるのが基本であった。そして、間口一杯に家を建てることはしなかったという。壁を接して隣家があるということは原則としてなかった。屋敷と屋敷の間に路地があり、それが有効に作用していた。これはあたかも東の村落が屋敷と屋敷の間に空間があることに対応している。

　江戸の大店《おおだな》は、多くが上方《かみがた》商人の出店であったのであるが、それにもかかわらずこのような京の町屋と相違があり、しかもその相違は村落景観の相違と対応しているのである。関東の社会的特質が表現されていると予想しておいてよいであろう。

屋敷と屋敷神・墓地

他人との間に垣根を作らない

近畿地方村落の集落景観は集村である。しかも、個別の家が間に田畑なり空き地を設けずに、また屋敷林や生け垣、垣根、塀を設定せずに露《あらわ》な形で互いに接している。個々の家の存在があまり強調されることが景観上ない。家が居住空間として永続的に占拠している大地が屋敷であるが、その屋敷の境界とか区画が必ずしもはっきりしない場合が多い。特にムラを訪れた他所者にはそのように感じられる。なぜならば、個々の屋敷を他の屋敷と区別するために設定された施設なり装置が明確でないからである。

集落の色の問題として指摘したように、黒なり白として集落の塊が見えるのは、屋敷と屋敷の間に緑の樹木がないことを示している。屋敷を囲む屋敷林は原則として近畿地方にはみられない。屋敷林だけではなく、屋敷を囲う施設もあまりない。生け垣、垣根、塀などが設けられていない所が多い。屋敷はいわば裸であり、屋敷内の家屋を外から見ることができるし、またしばしば母《おも》家《や》自体が道路に接していたり、面している。滋賀県伊香郡余呉町下丹生《いかぐんよごちょうしもにゅう》では、道路に直接母家が接している例が多い。また少し道からなかに入った所に建てられている場合でも、その道に面した所に垣根や塀を設けることはないし、母屋の前面に植木を植えて目隠しをすることもない。母家の全部が道路から丸見えになっているのである。これは、伊香郡高月町東物部《ひがしものべ》や西物部でもまったく同様であるし、甲賀郡水口町北内貴《こうかぐんみなくちちょうきたないき》や宇川でも事情は変わらない。甲賀郡甲南町稗谷《ひえだに》は、丘陵斜面に家々があって、平野部の密集した集村とは印象が異なるが、やはり各家は垣根や塀を設けず、道路から母屋の正面が丸見えの状態である。三重県四日市市水沢野田《すいざわのだ》町も一本の道路に沿って集落が展開しているが、多くの家は母家を道路に接して建てている。これらのことは関東地方では非常に珍しいことといわねばならない。関東地方から近畿地方の村落に出かけた者は、ムラのなかを歩いていて、しばしば町場を歩いているかのような錯覚に陥るのは、この家屋の連続密集性のためであろう。

近年は、近畿地方でも家や屋敷の周囲に垣根やブロック塀を設けることが少なくない。しかし、その場合も、外から屋敷のなかが全く見えなくなるように高い垣根や塀を設けることがあまりない。道路を歩いていて、屋敷内や母屋が完全に視野に入ってくるような一㍍前後の低い垣根や塀が一般的である。他人との間に「垣根は作らない」伝統が今なお窺えるのである。

図９　埋葬墓地から見た集落遠景（滋賀県伊香郡余呉町下丹生）

図10　町場のような集落（滋賀県甲賀郡水口町北内貴）

図11　外から見える母屋（滋賀県甲賀郡甲南町稗谷）

図12　家々が丸見えの集落（滋賀県甲賀郡甲南町稗谷）

図13　道路から見える屋敷（三重県名張市黒田）

図14　東京練馬の屋敷林に囲まれた農家（東京都練馬区早宮）

図15　屋敷林に隠れた家（埼玉県新座市池田）

図16　樹木に囲まれ外から見えない屋敷（栃木県芳賀郡市貝町田野辺）

樹木に隠される屋敷

関東地方の村落では、個別の屋敷はほとんど例外なく、自分の屋敷を他の屋敷から区別しようとする。屋敷の周囲には屋敷林や生け垣を設けるのが普通である。関東ではイキグネという垣根は樹木を植え込んだものであり、その種類によってカシグネなどと呼ばれる。屋敷林というほど大きくなくとも、イキグネという形で周囲に樹木が生い茂っている。屋敷林は屋敷設定に際して人工的に植えられた樹木に加えて、鳥などが運んで来た種が成長したものも混じって、一つの林となっている。東京の二三区のなかの板橋区、練馬区、世田谷区などには、現在でも屋敷林に囲まれた家々を見ることができるし、さらに西側の地域では農地と一体となったそのような屋敷が

図17　塀と生け垣で囲んだ屋敷（群馬県伊勢崎市北千木町）

多い。一例を東京保谷市の武蔵野台地上のある一軒の農家の屋敷林について見てみると（秋山好則『高橋家屋敷林調査報告書』一九八九年）、この屋敷内には胸高直径一〇チセン以上の樹木が三八種類五五二本存在し、それらが鬱蒼《うっそう》とした屋敷林を形成している。母家の北側と西側には防火・防風のために植えられたシラカシの高い木が一列に並び、屋根よりも高く枝を広げている。また、道路から母家へ入る道筋の両側には欅《けやき》が並び、その下にはヒイラギモクセイの生け垣がある。屋敷林を構成する多様な樹木のうち、母家の北側には主としてムクノキとスギが分布し、母家の西側はクヌギ林で、東側は竹林となっている。

神奈川県大和市下鶴間《しもつるま》に住む浜田賢さんはこの屋敷林の様相を次のように述べている。

　農家の屋敷内には各戸ともきまったように欅、白樫などの大木が植えられていた。まず屋敷の隣との境界は生垣で仕切られてあった。生垣はつげ、かなめもち、椹《さわら》、まさきなど、小枝のよく繁茂する樹木が多かった。高さ約六尺位に刈り込まれ、さらにその上にモチや白樫で丈余の高さに整然と刈り込みがなされ、その近くに点々と欅の大樹が大きく枝を張っていた。これらの屋敷内の大木を「シセキ」と称した。

　農家の建物の屋根はほとんど草葺であった。それがため冬どきの乾燥期には火災が何よりも恐ろしかった。また、草葺屋根の場合、台風のときは棟上の止め木諸共はがされて飛ばされることがあった。これらの災害から守る防火防風の役目を果たすためにこの「シセキ」が植えられたのであった。

またこれらの欅、白樫等は用材としても大変貴重なものだった。欅は五、六十年も経つとかなりの成木になった。この欅の根っこまでつけて伐採し、舟材として利用された。この根っこのついているものを「まつら」と称した。さらに大きなものになると建材用として使用された。白樫はまた堅くて粘りもあるので、車材や農具などに欠せないものであった。（浜田賢『下鶴間の史話続編』一五〇ページ）

大和の各ムラには現在なお新しい住宅に混じって一見して古くからの農家と分かる家々が周囲を大きな欅や白樫で囲まれて並んでいる。そして、近年は屋敷内は比較的樹木を少なくすることが多いが、それでもさまざまな木が植えられている。

このような多くの大小の樹木があって、家屋はその樹木に隠れて、外からは直接見ることができない。これは一般的なことである。また、家屋を道路に接して建てるということも少ない。母屋はもちろんのこと、物置、蔵、便所等の建物も屋敷内に建てられており、道路や屋敷境に接していないのが普通である。ただ一つ道路に接している建物があるとすれば長屋門とか通り門と呼ばれる、門であると同時に物置である建物であろう。道路を歩いている人間が、個々の屋敷内の施設やそこに暮らす人々を直接見ることはできないように屋敷ができている。屋敷内部を外から隠し、屋敷の個別性を強く強調しているものと理解できる。

ニワとセンザイバタケ

関東地方の屋敷は一般に広く大きい。ゆったりしているという印象を受ける。それは屋敷の周囲に樹木が植えられているため、その面積が屋敷を大きくしているからであるが、それよりも重要な要素としてニワ（庭）が広大なこととセンザイバタケ（前栽畑）とかサイエンバタケ（菜園畑）と呼ばれる畑が屋敷内あるいは屋敷続きに存在することが多いからである。屋敷として区画された内部には各種の建物があるが、その他に広いニワ（庭）が母屋の前面にあるのが普通である。ニワは現在では庭木を植え、庭石を置き、池を造り、また芝生で覆ったりして、庭としての性格がつよい。しかし、農家の前庭はそのような庭園ではない。もともと生産のための場所、すなわち作業場であった。各家は秋の収穫後の脱穀作業はもっぱらこのニワで行った。収穫物を乾して乾燥させるのもこのニワであった。この作業場としてのニワに加えて、関東地方の農家の場合、屋敷内に畑があり、そこで日常的に食べる野菜等がつくられていることが多いのも特色である。畑はもちろん屋敷の外にも広がっているが、そこでは麦その他の穀類を栽培しており、自家用の野菜類はもっぱらこの前栽畑に作るものとされていた。東京近郊の農村では野菜のことをセンザイモノと呼び、かつて東京に出荷するための手車をセンザイグルマ（前栽車）といったのは、この意味から野菜一般に転化したものであろう。

近畿地方では屋敷は狭い。その一つの要因は屋敷内にあまり空間がなく、建物が立てられている部分が屋敷という傾向があるからである。その一つがまず屋敷内のニワが狭いことがあげられ

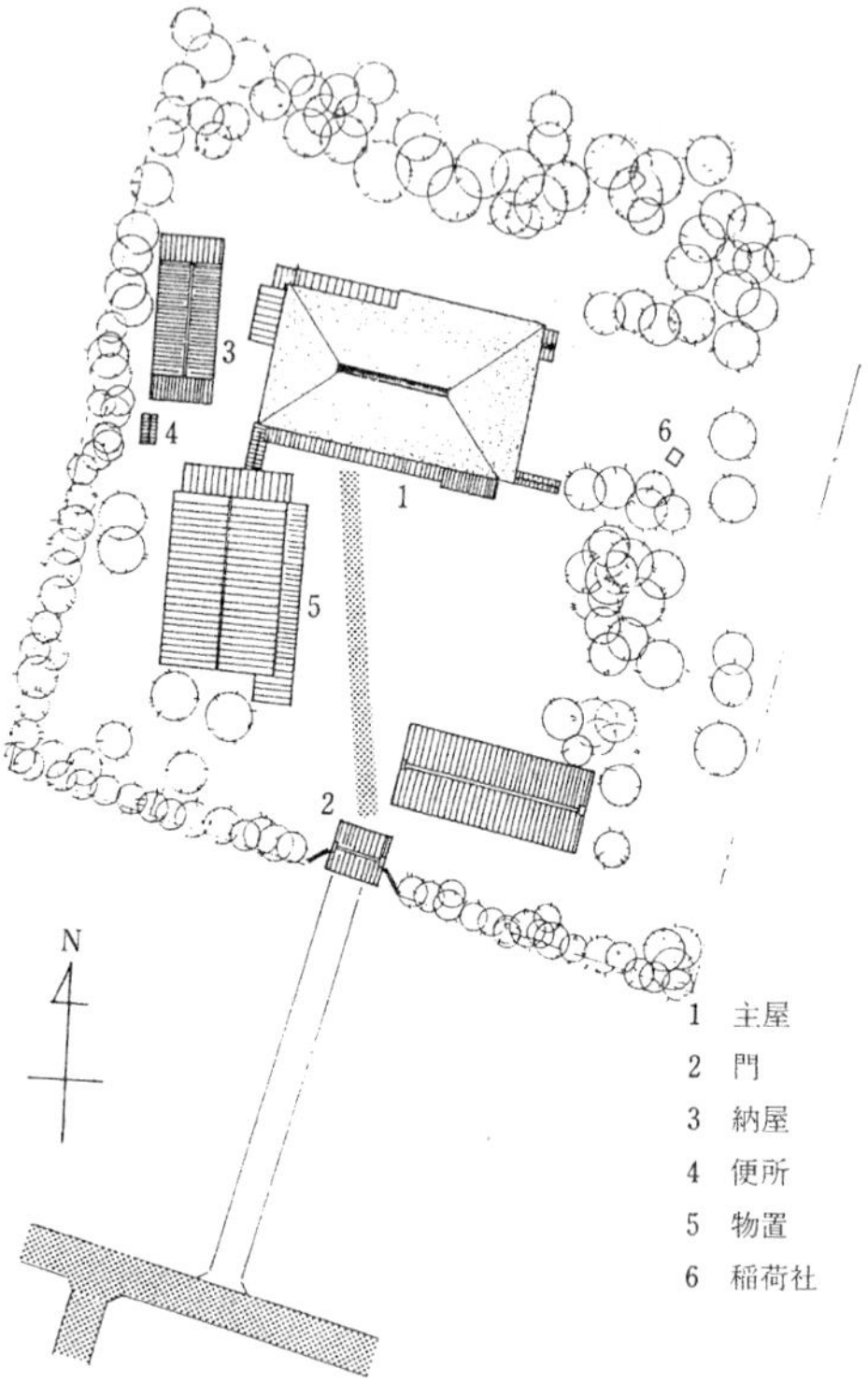

図18　関東農村の屋敷構え1（千葉県松戸市幸谷）
（松戸市立博物館『松戸市民家調査報告書』
1996年，18ページ）

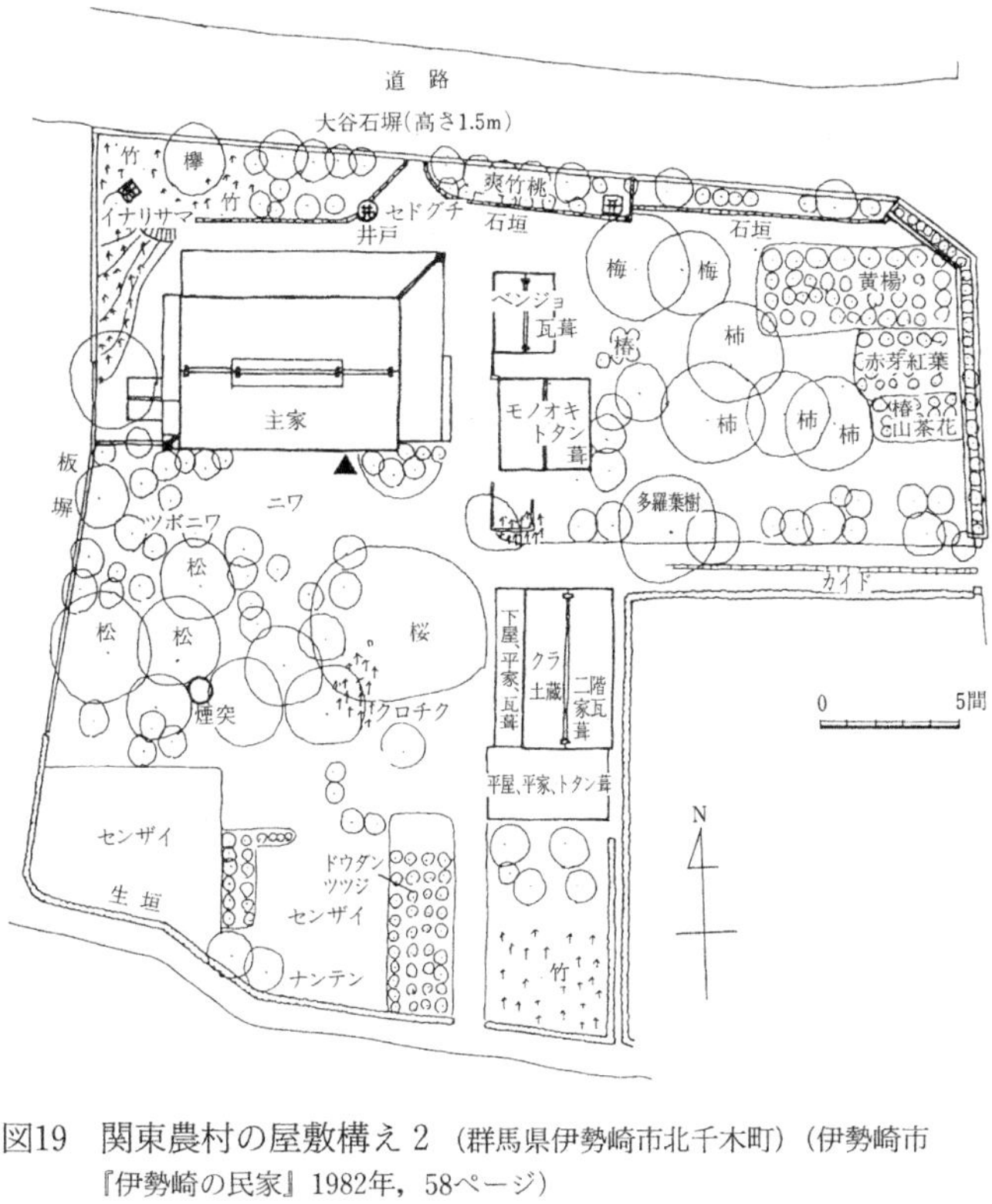

図19　関東農村の屋敷構え２（群馬県伊勢崎市北千木町）（伊勢崎市『伊勢崎の民家』1982年，58ページ）

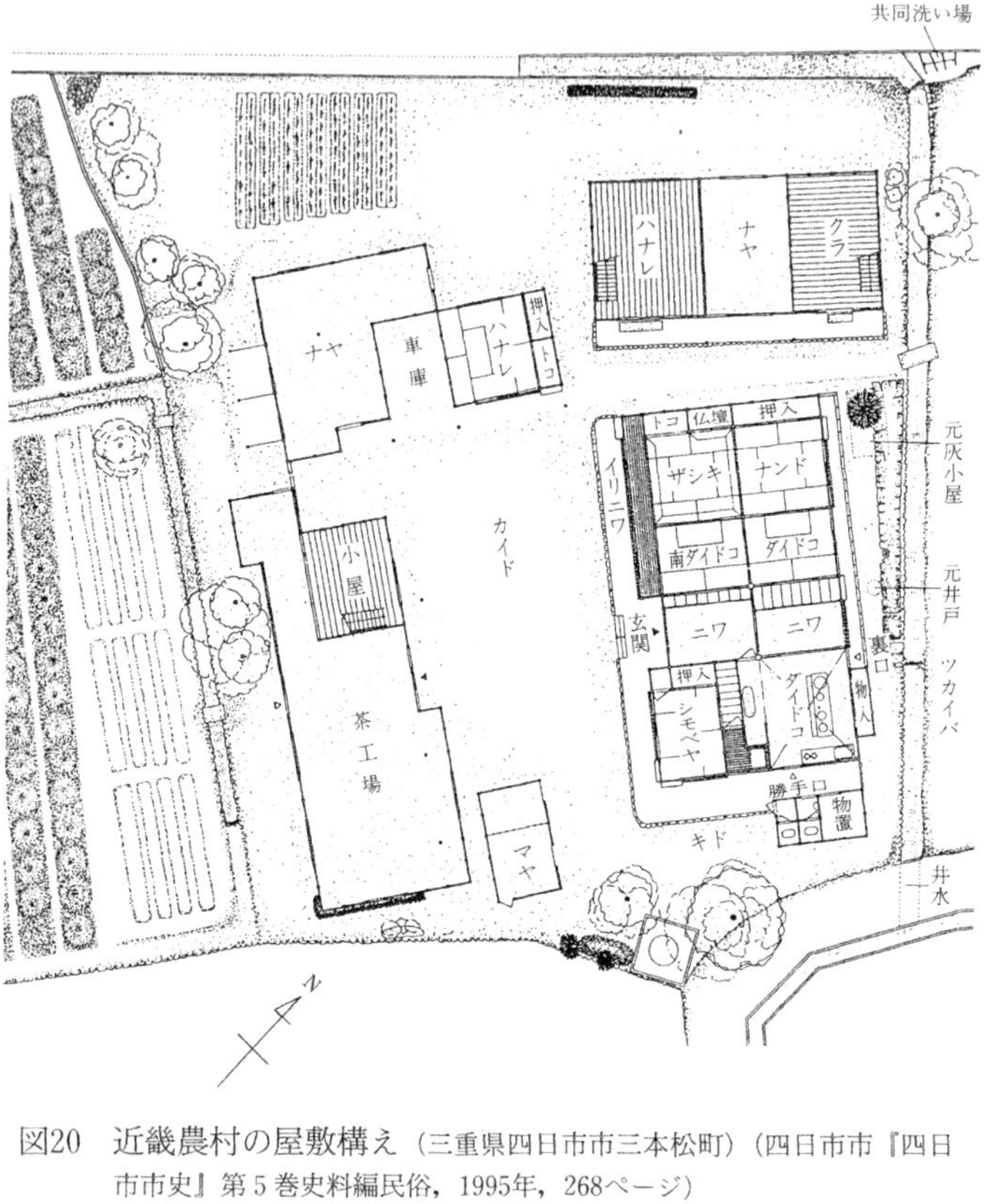

図20　近畿農村の屋敷構え（三重県四日市市三本松町）（四日市市『四日市市史』第5巻史料編民俗，1995年，268ページ）

る。屋敷内に各種の建物が幾つも建っており、母屋の前もそれほど広くないのが普通である。収穫後の脱穀作業は、屋敷に持って帰らず田圃《たんぼ》で行ってしまうことが多いからである。そして、それに加えて、屋敷内に畑を含むことがあまりないことがあげられる。そこで注目されるのは、ムラの周囲の田畑の広がっている一角に細かく区画された畑があることである。その場所を不思議に思ってムラの人に聞いてみると、そこは各家が自家用の野菜を作るための畑だったという返事が帰ってくることが多い。たとえば、滋賀県甲賀郡水口町宇田《うった》では、集落のすぐ外側の東西二ヵ所にダイコンバタケ（大根畑）と呼んで、一区画二〇坪の小さな区画の畑があり、各家は東西どちらかの大根畑に一枚ずつ持っていたという。伊香郡余呉町下丹生では、アサバタケ（麻畑）と言って、集落の南側に細かく区画された畑がある。ここに各家は一枚ずつ畑を持っていた。それは麻を植えるための畑だったと伝え、それを今に名称として残しているが、現在では野菜畑として利用されている。

屋敷の隅に小さい祠

近畿地方の村落には多くの小祠があるが、屋敷内に小祠を設けて神を祀るという例はあまり多くない。いわゆる屋敷神はほとんどないのである。もしもあるとすれば、それはその家の者が特別な信心によって勧請《かんじょう》してきたものであり、村落内での一般性をもつものでない。兵庫県姫路市東坂本は戸数が三八〇戸もある大きな村落であるが、そこで屋敷神を祀っているのはわずかに五軒に過ぎないという。そのうち四軒は稲荷《いなり》で、一軒はジガミさんだという。隣の西坂本も戸数が二三戸であるが、やはり屋敷神があるのは九軒である。このようにこの地方では屋敷神を祀っている家は少なく、いずれも個別的な来歴によるものである（地主喬「西播磨における荒神信仰について」比較家族史学会一七回研究大会発表）。近畿地方の村落は多かれ少なかれこのような傾向を示している。

それにたいして、関東地方はじめ東日本では、どこでも屋敷の北側の隅には必ずのように屋敷神が祀られているといってよい。いずれも小さな木の祠や石宮《いしみや》であるが、地方によっては毎年秋か歳末に新藁で新しい宮を作って祀っている。

北関東から東北地方にかけては、屋敷神は一般にウジガミ（氏神）と呼ばれ、特定の神格をもたないことが多い。たとえば茨城県勝田市では、屋敷の隅に祀っている神を一般にはウジガミと呼んでいる。そして、その神を祀る形態でワラホウデンとかボチガミサンとか呼んでもいる。ワラホウデンは藁束の上を縛って、下の方を広げた円錐形で、内部に御幣《ごへい》を納めているものである。これが最も一般的であったが、近年はほとんど見られなくなり、多くが石宮になっている。同じワラホウデンでも、木の枝や竹を柱にして片流れの屋根形に藁を葺いた形式も見られる。また、ボチガミは円筒状の土の焼き物で、上には丸屋根が乗っているもので、比較的新しく流行した形式である。これらの形式上の相違はあっても、そのウジガミとしての性格は同じであり、毎年十一月十五日にウジガミマツリをするのが原則である。その祭りに際して、その年の新藁でワ

図21　ワラホウデンの屋敷神（茨城県勝田市足崎）

図22　ワラホウデンの屋敷神（栃木県芳賀郡市貝町田野辺）

図23　片流れ屋根の屋敷神（群馬県伊勢崎市上之宮町）

図24　屋敷稲荷の祠（埼玉県和光市新倉）

ラホウデンを作り替えるのである。

関東地方の大部分の地域では屋敷神は稲荷で、毎年二月初午《はつうま》の日に各家で祭りを行っている。初午の頃に東京近郊の農村を歩いてみると、屋敷の北側の隅に赤、青、黄色の幟《のぼり》が何本も立てられているのを見ることが多い。注意してみると、そこには赤い鳥居があり、奥には祠《ほこら》がある。稲荷がまつられているのである。東海地方では地の神が屋敷の西北の隅にまつられていることが多い。静岡県では、やはり屋敷の西北の隅に屋敷神がまつられている。それは地の神さんと呼ばれている。毎年その年の新藁を用いて片流れの屋根を葺き替えて祭りをする。そして、注目されることに、その家の死者が三十三年忌を過ぎたら地の神になるという伝承があることである。屋敷神を先祖と考えているのである。このような屋敷単位の祭祀の有無は、近畿地方と関東地方の、すなわち西と東の相違の一つとして注目しておいてよいであろう。

ムラ外れの墓地

村落の東西の相違としてよりいっそう明白になるのが、墓地の有り方の問題である。近畿地方では、多くの土地で墓地は集落の外の田圃のなかとか、山の縁、海岸近くに大きなものが一つあるのが一般的である。新幹線の車窓からも充分に観察することができる。新幹線が米原《まいばら》を過ぎて京都へ向かって走っているときに、両側の車窓には田圃が広がっているが、その田圃のなかにときどき大きな墓地を発見する。墓石が無数に林立している墓地もあれば、恐らく関東地方の人は墓地とは気づかないであろうと思われる墓石がほとんど何もない墓地もある。草が生い茂り、そのなかに木の墓標や塔婆だけが立てられているものである。それも実は墓地であり、そこに遺体が埋葬されているのである。これらの墓地は集落から離れており、田圃のなかにそこだけ土が少し盛り上げられて島状になっている。ムラから離れて墓地があるのが一般的であることを教えてくれる。

近畿地方に濃密な分布を見る墓制に両《りよう》墓制《ぼせい》がある。遺骸を埋葬する墓地と石塔を建立する墓地とが区画を全く別にしている墓制である。柳田国男は日本人の他界観、死者観を明らかにすることを大きな課題としたが、彼が全国の民俗事象によって組み立てた仮説は、日本人は死後は肉体は価値のないものと考えて速《すみ》やかに自然の懐《ふところ》に戻し、霊魂のみが肉体から分離して永遠に存続するが、その霊は子孫の祭りによってしだいに清まっていくにつれ個性も消してついにそれ以前の祖霊に融合し、その祖霊が子孫の暮す所の近くの山の高みにとどまり、そこから時に応じて子孫を訪れて、永久に子孫と交流するというものであった（柳田国男『先祖の話』その他参照）。このような霊魂観の出発は、死に伴ってまず霊肉分離があるということであり、日本人はそのうち霊にのみ価値を見出していたということであるが、それを最も明白に裏付ける民俗が両墓制であるとした。そのため多くの民俗学研究者が両墓制の調査研究に熱中し、その分布や両墓の関係等について多く資料が集積されてきた。

それによると、近畿地方の多くの村落では両墓制である。実は柳田国男の故郷の兵庫県神崎郡福崎町辻川も両墓制であった。近畿地方では、両墓制が一般的な姿であり、浄土真宗の地帯や都市部を除くとどこでも両墓制であると考えてよい。その場合、埋葬墓地と石塔建立墓地はいずれもムラとして設定されているのが普通である。特に埋葬墓地はムラとして設けている。その場所はムラの領域の最も外側になるヤマの地域が原則である。具体的には集落から離れた山の中や川原、あるいは浜などである。そのような特定の場所にムラの共同施設として埋葬墓地があり、近年は少なくなってきたが墓地の内部に区画がないことも珍しくなかった。ムラで死者が出た順番に近年埋葬していない所に埋葬していく所もあれば、埋葬墓地が大きくいくつかに区画されていて死者の死亡年齢に応じて埋葬する地点が決められるという所もある。いずれの場合も、死者が家単位で埋葬されない。あるいは夫婦が並んで埋葬されるとは限らないのである。死者はあくまでもムラ人として埋葬されるのである。

滋賀県伊香郡余呉町の下丹生は両墓制のムラであるが、その埋葬地であるサンマイ（三昧）は、他のムラに通じるオオミチが小さな川を越え、ムラザカイとされた大きな欅の木の下を過ぎて外に出た地点の道路脇にある。そこにすべての村人は葬られるのである。サンマイ内は何の区画もない。家ごとに埋葬地が区分されておらず、死者が出ると、最近埋葬したことがない空閑地に穴を掘って埋葬する（近年は火葬骨を埋葬している）。したがって、夫婦、親子が隣接して埋葬されたり、同じ区画に埋葬されることは原則としてない。そして、石塔は集落内の家々の集まった部

図25　滋賀県伊香郡余呉町下丹生の両墓制（サンマイ）

図26　滋賀県伊香郡余呉町下丹生の両墓制（ハカドコ）

図27　滋賀県甲賀郡水口町宇川の両墓制（サンマイ）

図28　滋賀県甲賀郡水口町宇川の両墓制（寺院境内のオハカ）

分の西側のやや高みにあり、そこをハカドコと呼んでいる。やはり全部の家の石塔が家単位であるが所狭しと並んでいるのである。その密集性は高く、それは家々の集合した集落が密集しているのと対応している。

このようなあり方は近畿地方のごく一般的な墓地の姿である。すなわち、ムラとして墓地が設定されており、ムラとして共同に管理しているのである。もちろん、ムラの共同墓地、特に埋葬地が家ごとに区分されている所は多いが、その場合でも利用方法にさまざまな規制があるのが普通である。

屋敷墓

それに対して、関東地方では個別の屋敷に対応して墓地が設定されていることが多い。その傾向は中部地方でも同様である。明治以降、個別の墓地が整理されて、大きな墓地に統合されてしまった所も少なくないが、それでも現在なお屋敷続きの畑の中や背後の山の斜面に小さな一軒のみの墓地を設けている地域も珍しくはない。現在では完全に住宅地化してしまっている東京でも、家々の間にブロック塀で囲まれた小さな墓地を見かけることが多い。内部の墓石を見ると、同じ一軒の家の墓であることが確認される。江戸時代の年号をもった船型の墓石が並び、そして明治以降の角柱形の墓石となる。ときにはそれらの中央に昭和に入ってから建てられた「先祖代々之墓」と彫られた大きな角柱形墓石が置かれている。そして墓地の近くを見回すと、墓地の続きか、数区画離れた所に昔は明らかに農家だったと判断できる大きな屋敷と立派な構えの家を発見する。その家の墓地であることを納得するのである。もちろん現在ではそこに埋葬することはないが、それでもなお個別に先祖を祀る場として維持しているのである。あるいは、イッケバカ等と呼んで、本家と分家が一ヵ所に墓地を持っている例もしばしば見られる。関東地方では、このような屋敷墓とか同族墓が基本的姿であった。

一九一八年に柳田国男、小野武夫ら農村・農業問題に関心をもった人々が組織した郷土会の会員は神奈川県津久井郡内郷村《うちごうむら》（現相模湖町）を共同調査した。それは統一的な調査項目を用意して専門の異なるさまざまな人物が参加した、日本ではじめてのいわば学際的な農村調査であった。それに参加した柳田国男は、その三日目に次のように内郷村の印象を記している。

この村には、共同墓地というものが、ほとんどない。山と畑との堺、時としては人家に接近し、あるいは屋敷の一隅にも、各家の墓地がある。葬儀は寺の本堂は使わず、ほとんど全部の儀式は、喪家の庭で執り行う。（柳田国男『水曜手帖』『柳田国男全集』三巻、一〇九ページ）

柳田国男が近畿地方の出身であることが、ここには見事に示されている。近畿地方では、このような戸別の墓地は考えられないからである。さらに、同じく調査に参加した民家建築を研究する今和次郎《こんわじろう》も、その調査概要を記した文章のなかで、内郷村の墓地の存在形態に注目して、次のように記述している。

墓地は寺院の境内に集められずに、家々の所有地の端に設けられているのだ。大きさは二、三坪ないし数坪でその中に小形の墓石が一列ないし数列に並んでいる。かく墓地の点在する由来を私は知らないが、武蔵入間郡飯能町《いるまぐんはんのうまち》では、山沿いの半分だけ各戸の墓地が点在しているのが見られ、平野に開けた半分は寺院の境内に集められていた。また武蔵南多摩郡浅川村ではたいてい各戸別に設けられているけれど、寺院に置く定めもある。また武蔵秩父郡《ちちぶぐん》の山村にても戸別的である。その他の分布については知らないけれどたいてい山間になるとこの制になっているらしい。とにかく小さい墓地を家ごとに自分の所有地に持っている事はこの地方の特徴で、部落々々の家を調べに歩き巡りながら、家々の紋所をうった墓碑の立てられる小区域を並べて見せられるのには一種の感を呼起される。（今和次郎『日本の民家』岩波文庫版、二八六～二八七ページ）

この今の指摘は、柳田の見解に学んだものであろうが、内郷村はじめ関東地方の畑作地域では戸別に墓地を設けていることが普通であることを教えてくれる。今は、その戸別墓地の由来については明確には述べていないが、やはり山間の畑作との関係を重視しているようである。たしかに、関東地方でも、ムラとしての共同墓地や寺院境内墓地も少なくないし、それが比較的平野部に目につくことは間違いない。しかし、同じような山間村落であっても近畿地方では屋敷墓はほとんどみられない。その点では、関東地方の山間村落に顕著な戸別墓地は、地形や生業に規定されていると考えるよりも、より広域的な文化の地域差を示しているものと考えるべきであろう。

図29　屋敷墓の名残り（東京都練馬区桜台）

図30　屋敷続きの墓（静岡県榛原郡本川根町）

戸別墓地、特に屋敷続きの屋敷墓は関東地方では山間部に限定されているわけではない。武蔵野台地上の新田村でも同様の姿は今なお顕著に示しているし、その他の関東平野の農村でもごく普通の姿である。たとえば神奈川県大和市の各ムラは、谷底部を水田に開き、台地上に畑を開発し、その谷壁の傾斜地あるいは谷の縁に屋敷を構えて、集落を形成してきた。その屋敷の裏手の傾斜地は雑木林となっていて、燃料や肥料を得る場所となっているが、その一隅あるいは台地上の畑の一角に小さい墓地がある。それぞれ傾斜面かその下の屋敷に対応している。屋敷と墓地が一体となっていることが分かる。

近年では多くの所で、共同墓地とか寺院境内墓地に墓を設けることが一般化しているが、これは火葬の普及に伴う新しい傾向といってよいであろう。共同墓地や寺院境内墓地のなかに小さく区画された各家の墓地に「先祖代々之墓」とか「○○家之墓」と刻まれた墓石を建てることが行われ、旧来の屋敷墓は改葬されてなくなるか、古い墓石のみをそこに残し、新しい死者は新しい墓地に入れるという方式になっている。しかし、静岡県の北遠地方では、今日もなお盛んに屋敷の一角に自分の家の墓を設けることが行われている。新しく家を改築すると、それに伴い屋敷の隅に新しい立派な墓石も建立するのである。ブロック塀で屋敷を囲うことが多いが、その場合にはこの墓地の区画も囲い込み、そこを一段と立派にしている。このような姿は静岡県の東部の駿東地方でも見られる。屋敷続きの裏手に小さい墓地があり、母屋の新築に伴って墓地もきれいなブロックを積み、中央に先祖代々の墓石を配置し、その両側に古くからの個人や夫婦単位の墓石を整理して並べた姿をよく見掛ける。これも、屋敷の個別性に対応するものといえよう。同様に、墓地が共同墓地に統合され、広い墓地のなかに区画されて各家の墓地が設けられた場合に、各家では自分の家の墓域を明確に区画するために石の垣根を作って周囲を囲むことが一般的である。共同墓地であっても、自分の家の墓地を強調するようにするところに、旧来の屋敷墓の有り方が受け継がれているといえよう。

関東地方や中部地方でも両墓制は見られる。それは近畿地方のように多数派ではない。大部分がいわゆる単墓制であるなかに、点々と両墓制が分布している。しかも、それは近畿地方のように、ムラとしての墓制ではないのが普通である。東の墓地が個別屋敷に対応しているように、両墓制も家単位の伝承である。両墓制は、特定の家あるいは家筋の墓制として行われている所が多いのである。したがって、村落としての領域構成のなかでの埋葬墓地、石塔建立墓地の配置ではない。屋敷墓としての石塔建立地に対して、別に自分の家だけの埋葬地を持っている。

苗代の配置

個別経営と苗代

近畿地方は、日本の他の地方と同じように、農業は農家経営として個別に行われてきた。それははるか中世あるいは古代にまで遡ることができるかもしれないが、その確認は不可能である。しかし、少なくとも中世後期ないし近世成立期以降は家業経営として行われてきたことは間違いない。近世以降、村落として農業経営をするとか、特定の家が村人を労働力として組織して農場経営を行うという姿は見られなかった。したがって、苗《なわ》代《しろ》作り、田植えから刈り取り、脱穀にいたる稲作過程も、他の家との労働力の融通協力はあるとしても、家単位に個別的に行われてきた。全国的に見られる労働力の等量交換の方式であるユイは、そのような家業経営を前提にしている。その稲作の出発の基礎を作るのが、苗代である。苗代に種を播き、苗に育て、それを本田に移植することが、日本の稲作の基本的な方式である。

当然のことながら、苗代は個別の家が保有しているものである。戦時体制下に共同苗代の方式がとられたことがあるが、それは一時的なもので、永続的な制度としては定着しなかった。やはり、苗代は個別に面倒を見て望ましい状態に保ち、よい苗を育てようとする考えが一般的なのである。その点では、近畿も関東も同じである。苗代は個別経営である。現在では田植え機が普及し、苗はカセット式に田植え機にはめ込まれて植えられるため、苗代は存在せず、いわば箱苗代ともいうべき箱のなかで育成される。そのため、苗代はますます姿を不明確にしてきている。この箱苗代の前は畑に苗代を作る陸苗代が行われ、それ以前には各家の水田の一枚か一区画が苗代に使用されていた。

集中する苗代

ところが、近畿地方では、その個別の苗代がムラの特定の場所に集中している例がしばしば見られた。ムラの周囲の水田を見て歩いていると、しばしば集落の周囲に展開している水田のうち特定の部分の水田のみが非常に細かく区画されているのを発見することがある。しかも各一枚の大きさがほぼ同じなのである。現在は普通の田圃《たんぼ》として利用されているが、そこに各家の苗代が設定されていたのである。

滋賀県伊香郡余呉町下丹生では、ムラの氏神である丹生神社の前の細長く入り込んだ谷の田圃がそれであった。ここには、神社に近い所にジンデン（神田）があり、また村中苗代がある。そして細かく区画された各家の苗代があった。これをナワシロダ（苗代田）と呼んで、戦前には大

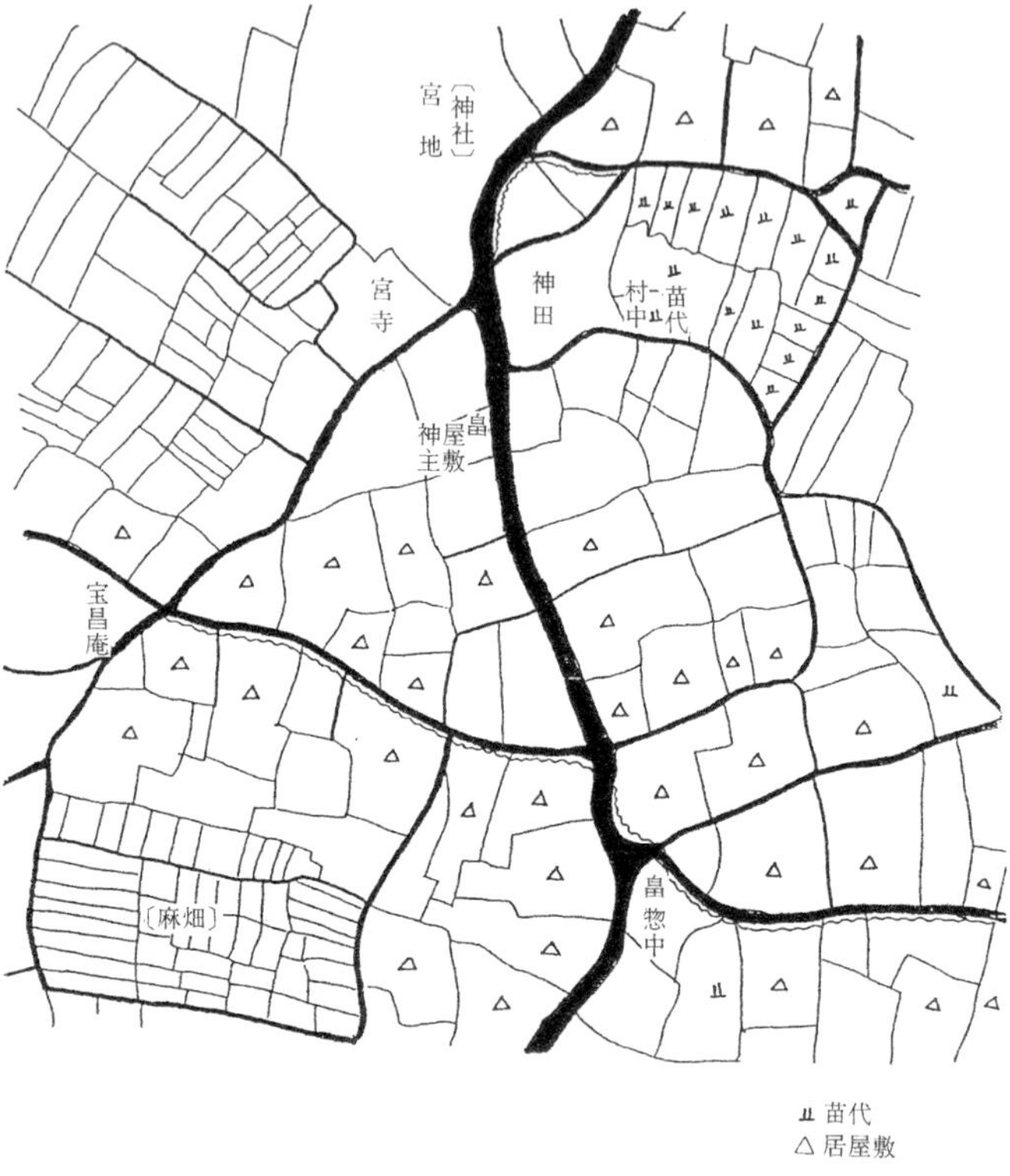

図31　下丹生の苗代と麻畑の位置（竹本康博『湖北下丹生の社会と民俗』1988年，20ページ）

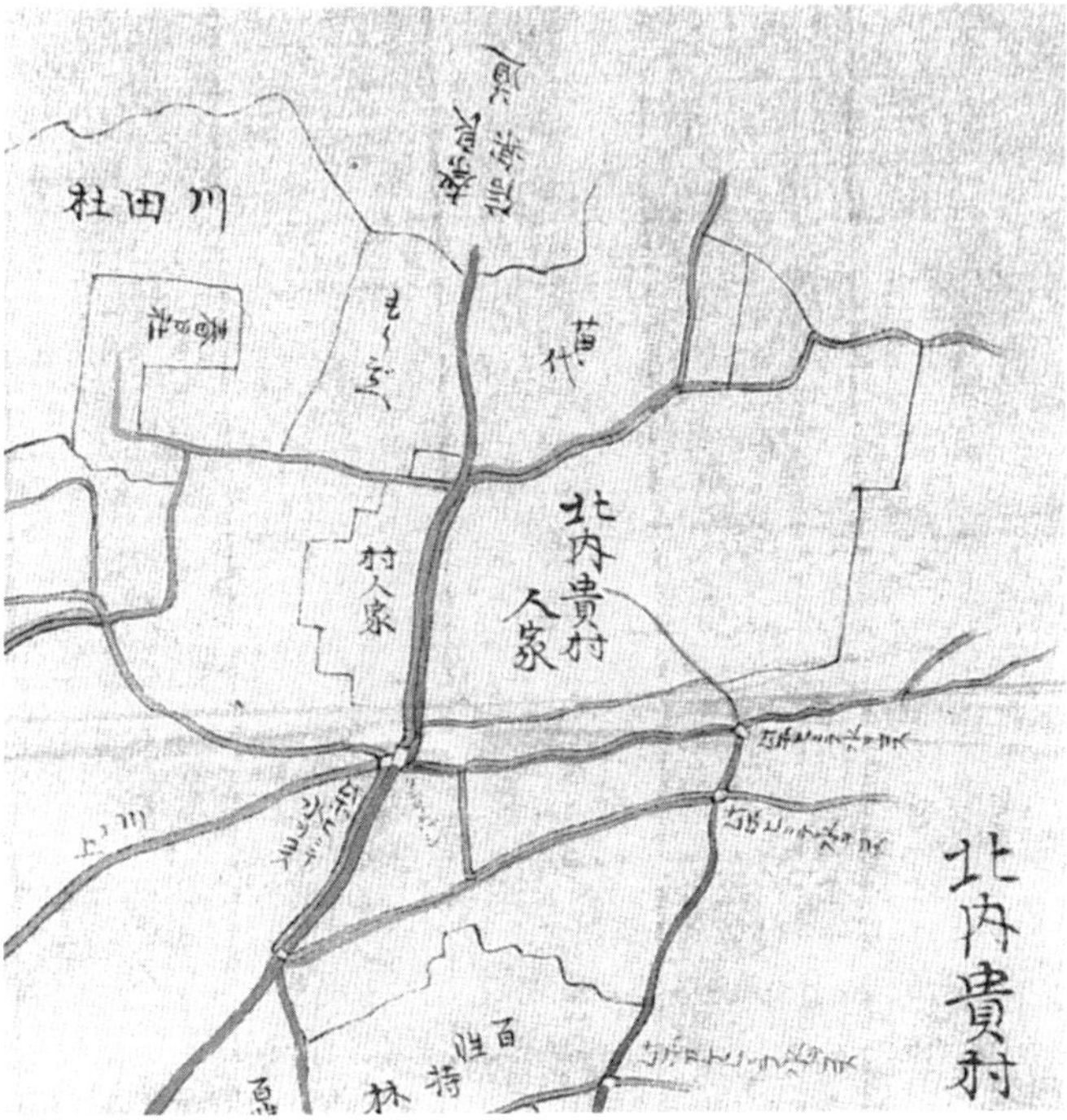

図32　苗代が記載された北内貫の用水地図

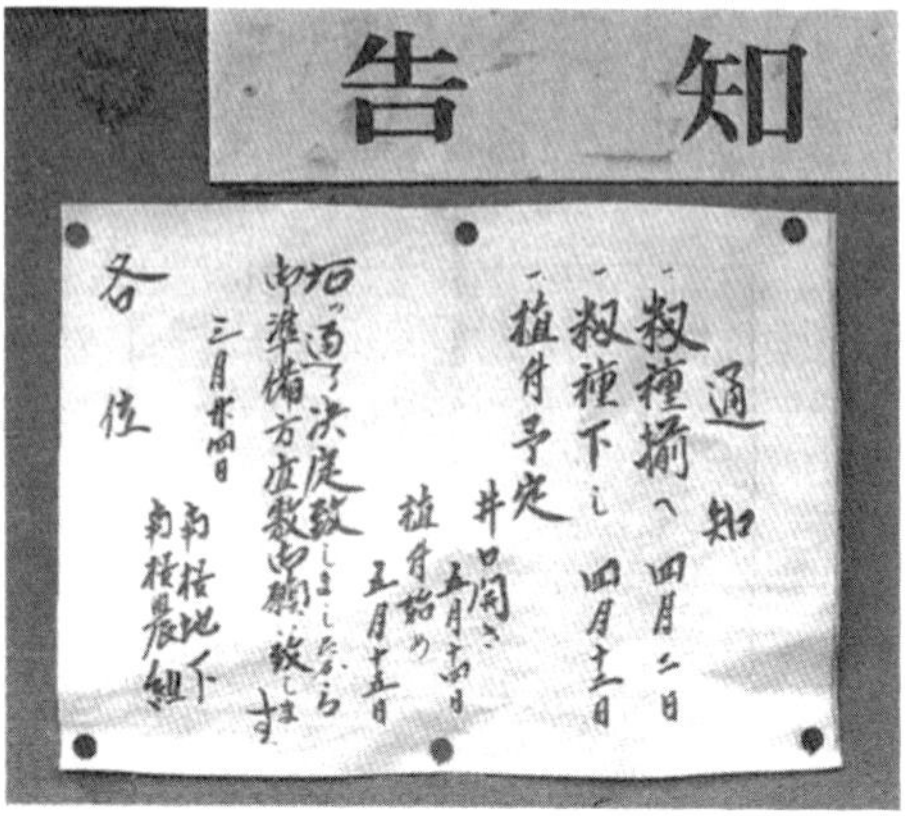

図33　掲示板に掲げられた農事日程（滋賀県野洲郡野洲町南桜）

部分の家がここに苗代を持っていた。この部分に田を所有しない家は、賃料を払って他家の苗代田を借りた。古くはその賃料が八升だったのでハッショバ（八升場）と呼ばれたという。戦後の土地改良によって細かな区画がなくなり、それに伴い苗代田もなくなってしまった。

滋賀県甲賀郡水口町北内貴では、集落の南側の現在は公民館の敷地となっている所が、以前の地籍図や近世の村絵図を見ると、苗代と記載され、区画がほぼ等しい大きさに細かく区分されている。ここに各家の苗代が一枚ずつあったが、苗代が水苗代から陸苗代に変化するに伴い、使用されなくなり、ついには埋められて公民館用地になってしまったのである。同じく水口町宇田では、苗代田は集落の北側と南側の二ヵ所にあった。やはり一枚が一畝ないし二畝のほぼ同じ大きさに区画されていたことが現在の区画にも残っている。ムラの東の家々は北側に、西の家々は南側にそれぞれ苗代を持っていた。

このように、苗代が特定の場所に集中していることは、苗代の管理が完全に各家で行われるものではなく、ムラとしての管理の側面があることを示している。苗代田に水を流し込む用水路はひとつであり、それに通水する時期や逆に水を落とす時期が統一されるからである。水を入れて、苗代に種を播くことを、各家の判断ですることはできない。苗代作りの時期を統一することになる。そして、苗代から始まる稲作全体にムラとしてのリズムを作ることになるのである。近畿地方の村落においては、しばしば種揃いとか種浸け、種播きの月日をムラとして決めているのは、かつてのこのような苗代のあり方と対応するものであろう。

水便のよい所に苗代

関東地方では、このような各家の苗代がムラの特定の部分に集中して設定されていることはない。関東地方のムラで「苗代はスイビン（水便）のよいところに設ける」という言葉がよく聞かれる。これは、苗代は各家が個別に自分の経営地のなかで水の便のよい場所を選んで苗代とすることを意味している。具体的に苗代の位置を確認すると、自分の屋敷に近くて、きれいな水が豊かに確保できる用水路の近くの田であることが多かった。したがって、苗代も個別の屋敷に対応している。苗代は他の家とむしろ関係のない場所に設定されるという面がある。その点で典型的な姿は屋敷の門前の苗代であろう。いわば門《かど》田《た》苗《なわ》代《しろ》である。

西の衆・東の番

「衆」組織の発見

前章での検討によって以下のことが明らかになった。集落形態において集村の姿を示し、それを構成する屋敷の個別性・独立性が弱いのが近畿地方村落の景観上の特色である。それにたいして、関東地方の村落は、集落景観としては小村であり、それを構成する個別屋敷は屋敷林、生け垣、塀、垣根で囲まれて、他の屋敷と区別しようとする傾向が顕著である。この景観上の特色に対応して、たとえば西では墓地が村落単位で設けられ、東では個別の墓地、特に屋敷墓がかつては一般的であったことや、西ではムラとして特定の場所に各家の野菜畑を集中させる傾向があり、東では屋敷内に野菜畑を持つこと、また各家の苗代も、西では特定の場所に集中して設定され、東では個別農家ごとに自分の家の近くに設定している傾向があることも明らかになった。

東西相違の確認

総じて、西の近畿地方村落は村落を構成する各家よりも、村落としての一体性、統一性を強調する社会であり、土地利用もムラとして配置し編成している。それにたいして東の関東地方村落は村落そのものよりも、個別の家・屋敷を強調する社会で、土地利用も個別の家が優先して編成されていると言えると、その景観が語っているように判断される。そこで、次に検討すべき問題は、そのような外形を作り出した村落の社会組織、社会関係あるいは村落運営の地域間の相違であり、それぞれの特質である。

近畿地方特有の「衆」

衆という語は日本語の一般的な用法としては複数の人間を表現する時に用いるのであるが、国語辞典に登場する言葉は、大衆、群衆、民衆、公衆等のように、不特定多数の人間を表示するものである。衆はもちろん漢字であり、その複数の人間を指すということは漢字の意味である。それが日本社会において特定の意味を与えられて使用されるようになった。たとえば、古代から中世にかけての寺院において「衆徒」と呼ばれる人々が登場し、さらにさまざまな衆が登場した。しかし、一般的には衆は語義通り複数の人間、特に三人以上の不特定多数の人間を指す語として使用されることが多かった。ムラのなかで衆という語が使われる場合も、大部分はやはり不特定多数の意味である。たとえば、よく聞かれる言葉にオンナシュウ（女衆）とかオナゴシュウ（女子衆）という表現があり、ダンナシュウ（旦那衆）、オモダチシュウ（重立衆）、あるいはミナノシュウ（皆の衆）というような言葉も使用されるが、これらも同様に不特定多数の人々を指す言葉である。

ところが、近畿地方では衆が特定の人数を表す場合にも使用されることが多い。しかも村落組織や村落制度の名称のなかに「衆」が付けられているのである。これは他の地方では見られないことである。さらに注目されるのは、その衆の人数、すなわち衆の定員数を名称のなかに含んでいる場合が多いことである。たとえば、滋賀県甲賀郡水口町北内貴では十人衆という。北内貴内の男子が年長順に一〇名組織されるのが十人衆である。終身制であり、ムラの長老の組織といえる。十人衆は、北内貴のムラの行事をほとんどすべて担う組織である。八日市市蛇溝《へびみぞちょう》町でも十人衆と呼ばれる組織がある。それはやはりムラの長老一〇人で組織されており、ムラの祭祀を担う。ただ、北内貴と異なるのは、終身制ではなく、毎年年長者から一人ずつ抜けていき、その代わりに次の順位の者が一人ずつ加入する方式をとっている点である。したがって、十人衆は加入して一〇年間勤めるのである。その十人衆になった最初の年の者をカンヌシ（神主）といい、祭祀の中心となる。同じ八日市市の中羽田《なかはねだちょう》町では、ムラの祭祀を担う人々をジュウニンシといい、十人仕と表記しているが、これも十人衆のことであろう。ムラの男性が年長順に一〇人終身制でなっている。このように、「衆」の組織がムラの祭祀を担うものとして組織されている所は多い。

奈良県桜井市箸中《はしなか》の祭祀組織は、右座と左座に分かれているが、それぞれの座は年齢階梯制的な編成をしており、各年齢段階に応じて担うべき祭祀が決まっている。その階梯の最上位に位置するのが十人衆である。十人衆は、座の中の年長者一〇人であり、各年齢階梯の者が担当する祭礼行事のほとんどすべてに参加出席する。十人衆は本来は終身制であった。左座は現在もそうであるが、右座は一九三五年に十人衆の最高位であるイチロウ（一老）を三年間勤めると座から脱退することとなり、さらに一九五七年にはその期間が二年間に短縮された。それによって、二年ごとに一人ずつ順次十人衆に就任できることとなった（池田昭「宮座の変貌過程（中間報告二）」『社会と伝承』八―二、一九六四年）。このような例は奈良県内でも多い。

和歌山県伊都郡かつらぎ町大久保にはロクサイシュウ（六斎衆）という制度がある。これは大久保を構成する東大久保から三名、西大久保から六名の計九名で、主として葬儀に際しての穴掘りを担当する役である。ムラの男子が数えの一七歳になるとその一員となる。同じ年齢の者は同時に加入する。その加入の人数に対応して、年長者が脱退する。また、新しく転入してきた一七歳以上の男子は何歳になっていても年齢に関係なく加入する。したがって、六斎衆を何年間勤めるかは固定的に決まってはいない。六斎衆は、葬儀に際して二人ずつ順番に穴掘りを担当する（東京女子大学民俗調査団編『紀北四郷の民俗』一九八五年）。

以上のように、「衆」という語が末尾に付く村落組織は近畿地方に広範に見られることが判明した。それは何人衆というように、しばしば人数を明示している。したがって、村落組織が定員制で、個人を単位に組織され、年齢順とか経験年数とか順位とかいう個人の条件によって加入・

脱退が行われるのである。同様の組織原理をもつ組織は、たとえ「衆」という名称を名乗っていなくても近畿地方では多い。これと類似の組織は、他の地方では若者組等の年齢集団以外には見ることができないし、特にその組織の名称が特定人数を表示し、また「衆」と名乗っていることはない。「衆」という語が名称に付いているかどうかは問わず、定員制によって個人を年齢順とか経験年数順に組織する組織を「衆」組織としよう。そうすると、「衆」組織が近畿地方村落の特質を示しているものと予想してよいであろう。

「衆」組織の事例

事例①滋賀県甲賀郡水口町北内貴

すでにしばしば紹介してきたが、北内貴《きたないき》という村落は一つの典型的な事例である。北内貴は生産＝生活の共同組織としてのムラであるが、近世には一つの村（藩制村）であり、明治の町村制以降は大字として存在してきた。北内貴は現在の戸数は八〇戸ほどであるが、農家は四〇戸弱であり、その農家の九七％が兼業を主とした第二種兼業農家である。集落と氏神の川田神社の間に国道三〇七号線と近江鉄道の線路が走っており、また国道沿いには新しい事業所も増えてきていて、全体としては非農村的な景観になりつつある。しかし、それらの新しい事業所や転入してきたサラリーマンの家々と古くからの集落ははっきりと分かれている。旧来からの農家の居住する部分としての北内貴は、家々を密集させた集村である。

図34　北内貴全景（朝日新聞社『週刊朝日百科日本の歴史』第86号，1987年，261ページ）

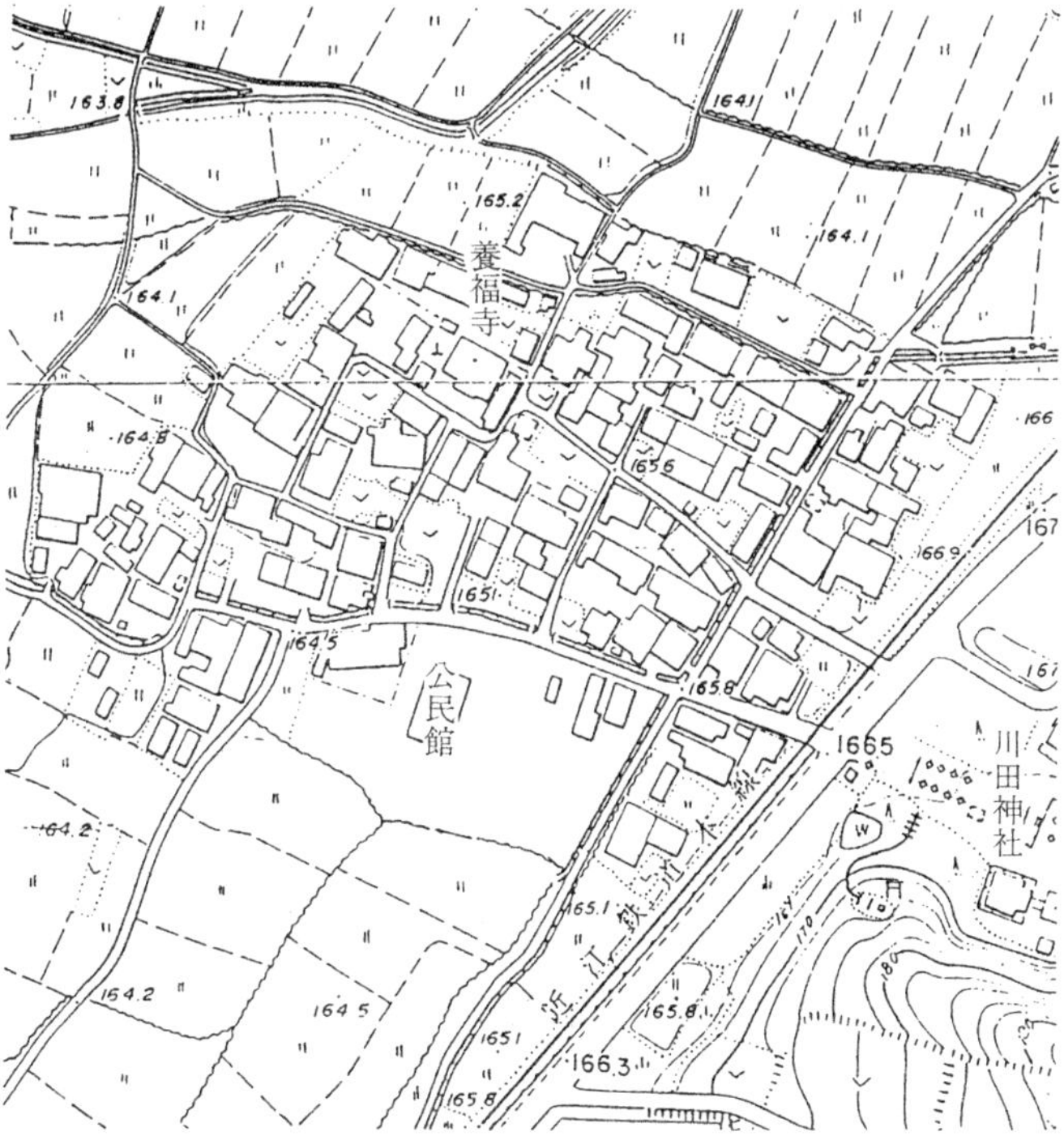

図35　北内貴の集落構成（公民館周辺の広場がかつての苗代）
（「水口町基本図」より作成）

北内貴では、住民を二つの階層に区分している。一つはヤクイエ（役家）であり、他の一つはミズノミ（水呑）である。役家は①農家であって、②氏神川田神社の氏子であり、③北内貴にある浄土宗養福寺の檀家であり、しかも④ムラの勤めができることという条件に適合した家のことである。当然のことながら、農家の大部分が役家であり、現在のところでは三五戸である。非農家の転入者は水呑である。村落運営は基本的にはすべて役家によってなされているし、ムラの共有財産等の権利も役家に限定されている。以下の記述でも特別に断らないかぎり、北内貴というのは役家によって組織されたものを指す。

役家の跡取り息子は一五歳になるとワカイシュウ（若い衆）に入り、それがムラの最初の寄り合い（ハツサンカイ）で披露される。このエボシギナオシ（烏帽子着直し）という儀礼を行うことで、村人と認められ、これ以降六五歳までの間、ムラのヤクハリ（役張り）として各種の負担を負うことになる（エボシギナオシの儀礼は現在は廃止されている）。ただし、親が六五歳になるまでは、息子はたとえ一五歳になっていてもヤクハリにはなれない。親が六五歳になると、親と交替でヤクハリになる。この六五歳というのは新しいもので、以前は六〇歳で退くことになっていた。すなわち、北内貴の構成員は一五歳から六〇歳までの男性であった。この親子交代制は、完全な個人ではなく、やはり家という単位も副次的には存在していることを示している。

北内貴の村落運営は、区長、区長代理、会計等の役職者を執行部として行われ、協議はムラの寄り合いであるサンカイ（参会）でなされる。参会には一戸一人ずつ出席するが、その出席できる者はヤクハリの人間に限られている。参会での座順は、役職者が上座で、一般の出席者は完全に年齢順である。会場に早く到着しても、年長者の席は必ず空けて、自分の相当する年齢順の席に着席する。逆に年長者はたとえ遅刻してきても年齢順の席次に着席し、下座に座ることはしない。同一年齢の場合は、オヤオトナ（親大人）といい、父親が年長の者が上座に座る。また、区長、区長代理等の役職はほぼ年齢順に就任しており、五〇歳代の者である。

北内貴には、各家で個別に行う年中行事とは別に、ムラとして行う年中行事が数多くある。その行事の大部分の執行を担っているのが十人衆という組織である。十人衆は文字通り定員が一〇人であり、ムラの男性の年長者を上から一〇人組織したものである。終身制で、一度就任すると亡くなるまでその地位にある。現在ではほぼ六〇歳代の後半に十人衆に入る。役家の家族員を年齢順に組織するのであるから、場合によっては十人衆に一軒から親子二代の二人が同時に就任することもある。十人衆の一〇人の上位五人を特に五人衆と呼び、その最長老をワンジョウという。下位五人をワカ（若）という。また、十人衆のなかのもっとも若い一〇人目の者をワカヤク（若役）と呼び、十人衆の事務的な処理にあたる。十人衆は、近世初頭の文書も含むムラの共有文書を管理し、それを倉から出すときには立会うし、また別に十人衆に関する文書を所有し、若役が引き継いでいる。これを他人に見せる時も同様である。

十人衆の最大の任務はムラとしての年中行事を執行することである。北内貴としての年中行事は数が多いが、その大部分は十人衆もしくは五人衆が担当して執行している。十人衆が関与する正月の行事だけでも以下のように多い。

元旦　元旦祭　十人衆、区長、評議員が列席して儀式を行う。各家の主人が丸餅、干し柿、昆布等をオヒネリにして持参して、供える。

三日　鏡開き　五人衆が出席して、オヒネリの餅を雑煮にして食べる。

六日　勧請《かんじょう》吊り　十人衆が集まって太い注連縄《しめなわ》をない、神社の鳥居と養福寺境内の地蔵堂の前に吊るす。

七日　ケチ　敬知、華鎮祭り。五人衆が神社境内で弓矢で的を射る行事。

図36　北内貴の勧請吊り

十日　ハナノトウ　　花の撓。十人衆が神社に詰め、過去一年間に生まれた男女が母親に連れられてお参りをし、成長を祈願する。また各家では、榊《さかき》の枝を持参して神前に供える。これは翌日のツクリゾメに苗代の水口に持っていって立ててまつる。

二十三日　堂の講　　十人衆がそのうちの一人が勤める当番宅に集まり食事をしてから、地蔵堂へ行き、念仏をする。

二十四日　オコナイ　　行い。現在は十人衆、当屋、区長が養福寺と地蔵堂にお参りするだけであるが、戦前には養福寺の本堂にムラ中の男子が集まって行った。

正月の行事だけでもこれだけあるのである。このような十人衆の関係する行事は、年間通して三五回もある。十人衆は老人の遊び仕事とか隠居仕事とはいえない激務である。十人衆はムラの行事を執行しているという自覚と緊張感をもってこれらに従事しており、それを誇りとしている。

十人衆はムラの年中行事を執行するだけの組織ではない。ムラの長老としての権威を保っている。その一つが区長や評議員の相談役としての存在である。参会に提出する議案については、事前に区長から十人衆に対して披露があり、意見を聞く。共有地の処分や神社とか寺の問題については十人衆、特にワンジョウの意向を確認する。参会では、出席者には、議案の説明とともに、十人衆に相談し、十人衆も同意していることが付け加えられ、それを根拠に承認されるのが普通であるという。また参会の終了後には区長がワンジョウのところに結果を報告に行く。ムラの共有地と私有地の境界が不明になった場合に、その境を判断して境石を置く権限は十人衆にある。十人衆の各人は、家のなかでは隠居の身分であり、もちろんヤクハリでもない。したがって、ムラの参会には出席しない。しかし、このように、ムラの主要な行事を担い、さらにムラの運営にも影響力を持っているのである。

ムラの運営の末端で実務的な仕事を担うのはフレ（布令）、ツキギョウジ（月行事）である。いずれもムラコグチという家順に交替で担当するものである。布令はツキトウバン（月当番）ともいわれ、一月交替で担当し、区長からの伝達事項を月行事に伝えたり、人足を必要とする時に該当の人々に触れて歩く人足廻しをしたり、また会合や共同作業のときには茶沸かしをする。要するにムラの走り使いの役である。布令を終えると引き続き三ヵ月間月行事を勤めることになっている。月行事は触れの手伝いをする。

事例②滋賀県伊香郡余呉町下丹生

湖北の山間村落である。ここについてもすでにたびたび紹介してきた。近年は過疎化が進み、戸数が大幅に減少してきたため、かつての村落景観も村落組織も大きく変化しつつある。地籍図その他の絵図で見ると、屋敷は密集し、集村としての景観を強く示していたものと判断されるが、近年は廃屋や潰れ屋敷が間にあったりして、家屋の密集した集落という印象をやや弱めている。下丹生も、氏神をまつり、生活=生産の共同組織として機能している一つの村落であり、近世には村（藩制村）であり、明治町村制以降は大字として存在してきた。山間の村落であるが、高時川が開析した谷を水田とする稲作農村である。耕地の大半は水田である。戸数は、かつては六〇戸余りもあったが、過疎化が進み、現在は三五戸である。どの家も兼業農家、しかも第二種兼業農家である。老人を除き、成人はほとんど全員が外に働きに出ている。

下丹生の村落運営は区長を中心に行われている。区長、区長代理、そして四人の区議員（各組一人）がいわば執行部であり、いずれも任期一年である。ムラのソウヨリ（総寄り）で選出される。下丹生の区長は多忙である。ムラのあらゆることに区長は関与し、年間通して行われる数多くのムラの行事も区長が行うのである。ほとんどの世帯主が現在では外に勤めに出ているため、区長に就任することは非常な困難を伴う。しばしば勤めを休んでムラの仕事をしなければならないからである。現在、区長は四〇歳代後半から五〇歳代前半の者が就任している。それは後述するモロトを終えた者である。区長が各家に連絡したり、指示するときに、それを通知する役を担当するのがキモイリ（肝煎）である。肝煎は一日交替で家の配置順で送られていくものである。その順番は、右まわりに隣の家から隣の家へ送られ、ムラの全部の家を一巡するように鎖《くさり》状に結ばれている。どの家がその日の肝煎かは、キモイリフダ（肝煎札）によって分かる。毎日夕方に肝煎札が家の順番によって隣の家に持参される。そうすると、その家が翌日の肝煎なのである。肝煎の家は朝区長の家に出掛けて、指示を仰いで仕事をする。

下丹生の信仰行事に大きな役割を果たす役にベットウ（別当）がある。これは一人で任期は特別にない。本人が辞めようと思った年の正月二十八日に辞任を申し出る。そうすると後任の別当を選出する手続きがとられるのである。それは投票と神占を組み合わせた方式である。区長はキモイリに投票用紙を各家に配らせ、それに別当に相応《ふさわ》しいと思われる人物の氏名を記入してもらい、それを回収する。その投票の結果で、投票数の多い上位三名を選び、今度は神占を行う。候補となった三名は区長宅に呼び出され、風呂に入って身を清めたのち、籤引《くじびき》をする。神主が玉籤を四個作るが、そのうちの一つが当たり籤である。神主が御幣《ごへい》を振り、玉籤の上を動かして、籤が吸い上げられたものを、候補者の上位から順番に渡す。それを開いてみて、当たった者がいれば、その人物が別当となる。三人とも外れた場合は、次に得票数の多かった下位の三名を同じように呼び出して、同じ方法で籤引をする。別当はおおむね老人である。五〇歳代から六〇歳代の者が就任し、別当に就けば二年間は勤める。別当は区長や神主と共に、ムラのほとんどの行事に関係するし、オコナイにも重要な役割を果たす。

下丹生の最大の行事は、湖北地方のムラの例に違《たが》わず、正月に行われるオコナイである。オコナイは正月の十四日から十五日にかけての二日間にわたり、ムラあげての行事として行われるが、特にその当番となる二軒の家にとっては一生一代の出来事である。行事としては、他のムラのオコナイと同様に、初日に大きな鏡餅を竪杵《たてぎね》を用いてつきあげ、それを据えて祝った後、担いで

図37　下丹生のモロトとオコナイ（餅つき）

図38　下丹生のモロトとオコナイ（座）

阿弥陀堂まで行き仏前に奉納し、翌日にはそれを下げて、ムラの家数に等しくなるように切って配ると共に、鏡餅に芯として入れてあった曲げ物の輪に綺麗に縄を巻き、大きな注連縄と合わせて床の間か座敷の正面に飾り付けることがほぼ全過程である。このオコナイを執行する組織がモロト（諸頭あるいは諸人）と呼ばれる一二名の男性である。この組織のことをモロトグミ（諸頭組）とかモロトシュウ（諸頭衆）と呼ぶ。

モロトは、ムラの成員となっている家の世帯主あるいは跡取りが年齢順に毎年一人ずつ加入し、一二年間モロトとして活躍して、一三年目に脱退をする。同一年齢の者がいる場合は、生年月日の早い者が先に加入する。新規加入者をマエガミ（前髪）といい、最上位の一二年目の者をモロトガシラ（諸頭頭）という。モロトガシラを終えて、一三年目にモロトから脱けるときの最後の勤めをツキトウ（搗頭）といい、初日の会場となる。そして一二年目、すなわちモロトガシラの家がウケトウ（受け頭）といい、二日目の会場となる。このツキトウとウケトウを勤めるには、夫婦でなければならない。したがって、モロトに加入する時は独身でもよいが、一二年目を迎えるまでに結婚していなければならない。このモロトは、年齢順に加入するのが原則であるが、例外もある。たとえば婿として下丹生に来た者は翌年には年齢とは関係なくモロトに加入して、最下位に位置づけられる。現在のモロトは、最上位者が三〇歳代の終わりで、最下位の者は二〇歳代の中頃である。これは、過疎化の進行に伴い戸数が減少すると共に、人々が一時的にせよ他出してムラに住んでいないことが多くなったため、近年急速に加入年齢が下がってきた結果である。戦前は三〇歳代になって加入するのが一般的だったという。近年では過疎化の影響もあって、モロトの最上位が近づいても、まだ結婚していない独身の者がいるという状態が出てきた。そのため、夫婦揃っている者がツキトウになるということが不可能になってきて、大幅な改革が行われた。

モロトの一二名が組織として関与するのはオコナイのみといってよい。第一日のツキトウの家での餅搗きでは、モロトへの加入順に担当すべき役割が決まっている。ツキトウは夫婦で座敷の隅に畏《かしこ》まって餅つきの様子を見守り、最上位の二人は、大きな餅の形を整える役であり、次の順位の二人はテガエシをし、その下の若い八人が竪杵でもって餅をつく。第二日のウケトウの家では、その餅を決められた基準で切って分配するとともに、その餅の芯として入れられていたオカワサマをウケトウの家の床の間に飾り付ける作業が行われる。そのときの役割も同じように加入順に担当が決まっている。オコナイ以外では、正月の二日から四日までの男のハナノトウ（花の頭）、同六日から八日までの女のハナノトウが各組ごとに行われるが、そのときに組内のモロトが参加して一定の役割を果たす程度であり、モロト全員がムラの行事に関与することはない。しかし、モロトガシラはムラのどの行事にも列席参加するのが原則である。

東の「番」組織

「衆」組織は近畿地方特有の組織といってよいであろう。少なくとも関東地方には見られない。近畿地方以外の地方で「衆」という名称をもった村落組織に接することはほとんどない。名称に関係無く、実質的に村落祭祀担当者を一定の年齢で組織したり、年齢順に組織して、その年長者に権威を認めるような制度は関東地方には絶無である。関東地方における村落運営組織として顕著な存在は、区長、区長代理あるいは自治会長以下の役職者とは別に、ムラ自らの制度として「番」の組織が存在することである。事例を紹介しておこう。

事例①埼玉県和光市新倉

和光市《わこうし》は東京都板橋区に接する埼玉県南部の市であり、近年急速に都市化が進行している。すでに水田は皆無であり、畑も少なくなってきている。古い家々の間を埋めるかのように新しい住宅が建ち並び、全体が巨大な住宅地になりつつある。新倉《にいくら》は近世の上新倉村《かみにいくらむら》であり、明治町村制下の大字であった。和光市は大字三つで構成されていることが示すように、一つの大字は広大であり、内部に多くの集落を含む。その集落を基礎にムラが存在する。すなわち、近世の支配単位としての村の範囲が人々の生活組織とはなっていないのである。したがって、新倉のなかには上之郷《かみのごう》、漆台《うるしだい》、坂下等というい くつものムラがあり、それぞれが生活のための共同組織であった。

　市街地化・住宅地化が進む前は、各ムラには区長以下の役職者とは別に、月番《つきばん》という制度があった。これは、二軒の家が一ヵ月間、ムラの仕事をする役で、隣の家から隣の家へと家並み(軒並み)で右まわりに一月交替で送られていき、ムラの全部の家が等しく負担するものである。この月番の順番はムラの全部の家を一つの鎖につないでおり、この連鎖のなかに位置づけられてはじめて正式の村人ということになる。連鎖の鎖は一廻りして元に戻るようになっている。月番が回ってきたことは、引継ぎの品で分かる。月番は「行事」と書いた月番提灯を引き継いでおり、何かの行事の日にはそれを門口に掲げたし、また他所を訪れるときに

図39　埼玉県和光市新倉の月番提灯

は提灯を下げて出掛けた。その月番の役割はほぼ以下の六つであった。

①ムラの経費である月掛けを各戸から徴収し、管理する。

②ムラの祭礼の中心となって執行する。

③ムラの共同祈願を行う。

④ムラ内の家の葬儀を中心となって執行する。

⑤各家から念仏講金を集めて葬儀を出す家に届ける。

⑥ムラ内で行われている講行事の世話をする。

これらはいずれも、土地の人がいう、いわゆる世話焼き仕事である。これらの任務は必ずしも区長等の指示を得て行うのではない。あくまでもムラの運営に関するものであり、家々の互助に関するものである。それを月番にあたった家が自分たちの責任と判断で執行していたのである。

月番の廻り順で、さまざまな組織の当番や宿も送られていた。新倉のなかの一つのムラである上之郷《かみのごう》では、この送られる家順は決まっており、全部の家を一つの鎖に結び付けていた。そして、その連鎖を右廻りに順番が回っていたが、これをオテントマワリ、すなわち太陽の動く順というように表現していた。この連鎖の家順で送られるものには以下のものがあった。

①月番（二軒ずつ担当）

②葬儀の床取り（葬儀の際の土葬の穴掘りで、四軒ずつ担当）

③夜番（火の番とも言い、冬の間毎夜二軒ずつ担当してムラ内を巡回した。夜回り道と呼ばれる道が決っており、それを一時間程かけてまわる。夜の一〇時と一二時半頃の二回回ることになっていた。家の近くに来ると、「ご用心なさい」と声をかけた。それに対して各家では「ご苦労様」と返事をすることになっていた）

④庚申講のヤド（宿、すなわち会場）

⑤回覧板

⑥フレツギ（口頭で隣から隣へ伝達する方式。回覧板が一般化するまでの基本的な家々への情報伝達方式であった）

上之郷では、このように家の連鎖順にしたがっていつも何種類もの仕事や役がムラのなかをぐるぐる回っているのである。この家の連鎖組織などは番の組織を明白に示すものといえよう。

事例②東京都多摩市連光寺馬引沢

二〇年ほど前までは多摩丘陵に深く入り込んだ浸食谷に面して列状に家々が並ぶ村落であった。今では完全に農業集落としての景観を失い、綺麗に区画整理された市街地のなかに明らかにかつては農家であったと分かる大きな屋敷、豪華な建物が点在するだけであるが、これはこの二〇年余りの間に変化した姿である。一九六〇年代にはまだ草深い農村であった。近世には連光寺村として存在し、明治町村制では連光寺が大字であった。その内部に四つの村落があった。馬引沢《まひきざわ》はその一つである。この馬引沢にも、多摩ニュータウンの地域に組み込まれて村落としての機能がなくなるまでは、同じような役割を果たす組織として月番、年番の二つがあった。月番は三軒の家が家の並び順で一月交替に担当するもので、その一ヵ月間の会計の仕事から各家の葬祭に関しての責任者まで担当した。月番を無事一ヵ月勤め終えると、預かっていた「月番箱」を次の月番に引き継ぐ。「月番箱」には「月番」と書いた提灯と「月番帳面」が入れてあり、「月番帳面」には担当した一ヵ月間の重要な出来事や処理したこと、あるいは会計のことについて記した。他方、年番は四軒の家々がやはり順番に就任するもので、氏神の諏訪神社の祭礼はじめ神社のさまざまな世話をする役であった。連光寺でも、月番、年番の送られていく家順は重要な存在であった。この順番で各種の講集団の宿も送られていた。

一般的な「番」組織

北関東でも年番、月番は村落組織の重要な一部として存在した。茨城県勝《かつ》田《た》市《し》下高場《しもたかば》では、区長以下の役職とは別に、年番という役がある。年番のことを世話人とも言い、現在は任期一年で、ムラの各組から一人ずつ出ている。これは必ずしも家順というわけではない。ムラの運営はこの年番が中心という面が強い。それにたいして、月番があり、家の並び順に一月交替で担当する。ただし、年番や区長等をしている家はとばす。月番は年番や区長の指図を受けて仕事をし、またサシ（差支。区費のこと）を集めて管理する会計の役目をし、祭りの供物を作ったりする。また、群馬県伊勢崎市《いせさきし》三和町《さんわちょう》間之原《あいのはら》では月番という制度があるが、これは家単位に送られるのではなく、間之原を区分した一〇組を単位にして一ヵ月交替で担当するものである。月番は家ではなく、組のことである。その担当した一月の間のムラのことを月番の組が処理する。実際にはその月番の組の組長が仕事をすることになるが、その組長は組内を家順に回っている。したがって、どの家もいつかは月番を勤めなければならない。月番には「月番箱」が引き継がれており、そこには「月番帳」が納められている。月番の組は帳面にその月の行事の会計収支を記入して、次の月番に引き継ぐ（伊勢崎市『三和町の民俗』一九八一年）。

このように見てくると、関東地方の村落組織の特色は「番」組織にあると言えそうである。「番」組織は、家を単位にして、家順に担当する役である。「番」という呼称は、その役が順番に送られることを示している。月番にしても年番にしても、順番に担当するものであり、どの家もいずれは「番」が回ってくるのである。したがって、貧富や社会階層の差を超えて、全ての家が同じ量なり程度の負担を負うという形式的平等の原則に基づく村落組織だといえよう。それは別の面から考えれば、人々が集まるのではなく、役割が順番で回ってくるのであり、その役のときには一定の仕事を責任もってなし遂げるのである。関東地方の村落は「衆」組織が欠如し、「番」組織によって運営されている地方ということになる。

近畿地方村落の場合は、村落運営や村落祭祀の中心か、あるいはそれに近い位置に「衆」組織があり、その下に「衆」なり区長等の役職者の指示を受けて任務を果たす「番」組織がある。しかし、「月番帳面」や「月番提灯」に端的に示されるような、独自の責任とか地位は存在しないのである。したがって、村落運営とか村落祭祀の執行という面においては、近畿地方村落が「衆」組織であり、関東地方村落が「番」組織であるということはできよう。

「衆」と「番」の特質

「衆」組織の特質

近江の二つの村落における「衆」組織を概観した。北内貴《きたないき》の場合は村落秩序そのものが「衆」組織中心に編成されていると言ってもよいほどのものであるが、下丹生の事例では「衆」組織そのものは祭祀組織として限定的に存在するといえよう。しかし、いずれにしても、その共通した特色として、個人を組織する制度が村落制度としてあり、その成員の加入・脱退は個人の年齢あるいは生年順によって行われることが指摘できよう。すでに、「衆」という名称が付く組織が近畿地方には多いことを紹介した。これらの事例によって、その特質を把握すればほぼ以下の通りであろう。

まず第一に、「衆」の組織は、原則的に個人を単位にしていることである。近畿地方でも村落そのものはもちろん家を構成員としている。ところがその内部における運営組織に個人単位の編成方式が採用されているのである。そのため、北内貴のように、親子が年齢によっては同時に十人衆の一員になれるところに「衆」組織の大きな特色があるといえよう。

第二は、その組織が定員制を採用していることである。「衆」組織は、その多くが名称に定員数を明示している。「十人衆」とか「五人衆」というようにである。このことは、広く見られる年齢集団と異なる点である。年齢集団は、一定の年齢の者を組織するのであり、組織自体には定員はなく、加入・脱退の年齢範囲内の者であって、他の条件を満たしておれば何人でもその組織の構成員になれるのが普通である。したがって、組織としての人数は時間の経過のなかで増減する。

第三には、加入・脱退が個人の年齢順（出生順）とか経験順を原則としていることである。一定の年齢に達したら自動的にある階梯になるというのではない。その点では一般的に理解されている年齢階梯制とは異なる。年齢とか経験年数とか儀礼終了後の経過年数によって人々の間に順位が付けられ、その順位に基づいて組織されていくところに大きな特色があるといえよう。

第四に、「衆」組織は衆という言葉が示しているように、複数の人間が集まってものごとを処理することである。人々が集まり、共同で儀礼を行い、行事を執行する。そして、ものごとを決めるときも皆で集まって協議することが原則である。「衆」組織の内部には序列や階梯がないわけではない。しかし、基本的には定員に示された人間があつまって衆議するのである。

以上のような四つの特色を有する組織が「衆」組織といえよう。それは関東地方はじめ、他の地方には見られない組織である。「衆」という語が名称に付けられた村落組織や村落制度は近畿地方では珍しくないが、他の地方では耳にすることはほとんどないのである。近畿地方村落の特質を示す制度である。

実質的権限から儀礼的存在へ

近年の「衆」組織は、どこでも儀礼的な役割に限定されてきている。これは北内貴についても言えることであるが、それが顕著に示されているのは琵琶湖北岸の菅浦《すがうら》（滋賀県伊香郡西浅井町菅浦）である。菅浦は大きなムラであり、内部を東村と西村の二つに区分している。その各「村」に現在二人ずつ計四名のチョウロシュ（長老衆）がいる（近年は東西の区分なく菅浦全体から計四名が就任する）。任期は二年で、村人の男性が年齢順に加入するが、近年は加入年齢が随分と若くなってきている。長老になった最初の年をワカイシュ（若い衆）、翌年をワジョウ（和尚）という。

各二人の長老衆は、ムラの多くの行事の執行に携わるがさらにそれぞれの共有財産である船溜まり（カワという）、門、橋、お旅所、共有林等の管理をし、これらの管理に必要な共同作業を実行する。この共同作業のうちムラ全体の共同労働になるものはチョウロウブシン（長老普請）といい、長老衆が吹く法螺貝《ほらがい》の音を合図に集まって作業をした。少数の労働力で間に合う場合は、長老衆が保管している「人夫帳」の記載に基づいて労働力を各人から提供させる。原則的には、

図40　湖北菅浦の船溜り（滋賀県伊香郡西浅井町菅浦）

作業に必要な人数だけを、各家一人を単位に、家順に負担するもので、その必要な人数に該当する家に長老衆が出掛けて通知する。長老衆はさらに菅浦全体の運営にも大きく関与している。休み日を決めるのも長老衆の協議の結果であるし、役職者の選挙の立会い、各種の入札の立会い等も長老衆の任務である。またヤクノフセオコシ（役の伏せ起し）と呼ばれる、各家へ賦課する区費の基準を決める会合にも長老衆は出席する。さらに、土地の境界争いの裁定をする権限は長老衆にあるとされる。

このように菅浦の長老衆は単なる祭祀や儀礼の担い手ではなく、村落運営においても重要な役割を果たしている。そしてこの面は以前はもっと大きかったものと思われる。そのことを示すのが、戦前の長老衆の定員である。戦前には、長老衆は二十人衆とも呼ばれ、定員が二〇人であった。そして、これは近世文書に出てきて活躍する忠老役二十人につながるものである。当時は長老衆中心に村落運営がなされていたものと思われる。たとえば寛保三年（一七四三）の菅浦代官と庄屋以下の村方百姓との相論があった際に代官から提出された訴状に「当村之儀者《は》、庄屋・肝煎《きもいり》之外ニ往古より忠老役と申者弐拾人有之、村之取締仕、山法度之外村法度之儀ハ、私へ窺候而《て》、得心之上村中江触流仕来候所、近年ハ我儘《わがまま》ニ罷成（下略）」と記載されている。ここに忠老役二十人が「村之取締仕」と書かれているように、庄屋以下の村役人と並んで村落運営に重要な役割を果たしていることが判明する。そして、この訴訟の裁許状では、忠老役について「畢竟《ひっきょう》庄屋・肝煎・組頭とハ格別ニ而、他所他村ニ無之菅浦ニ限り候内証之役人ニ而候へハ、強而《しいて》不及沙汰」としている（原田敏丸『近世村落の経済と社会』四六〜四七ページ）。すなわち、忠老役は他の地方や村にはない菅浦独自のムラの制度であることを「内証の役人」という表現で領主側が認め、しかもそれへ領主側から干渉しないことを宣言しているのである。ムラ独自の組織として活躍していたと判断できる。それがしだいに区長以下の役職者中心の運営となり、それに伴い長老衆の人数も少なくなってきたものと判断される。

「番」組織の特質

関東地方の村落では「番」の組織が卓越している。家を編成単位とし、家の順番に担当する制度が村落運営に大きな存在となっていた。区長以下の行政的な役職者とは別に、自らの村落運営はこのような家を単位とした月番、年番などの組織が行っていたものと思われる。その「番」の特質を、西の「衆」組織に対比させて考えれば、以下の諸点になるであろう。

第一に、「番」組織は、何回も指摘してきたように、家を単位とした制度である。家の順番に担当するとか、家を単位に負担するとか、家がすべての基準となる。具体的な作業はその家の個人が行うのであるが、それは家の世帯主を原則とする。

第二は、「番」制度は、家の組合せで組織されている。ムラには家の並び順があり、その順番にしたがって二軒とか三軒が一つの「番」を作り、仕事を担当する。したがって、一軒の家として存在するためには、ムラの連鎖組織のなかに位置づけられている必要がある。

第三には、個人の条件は考慮されることが原則としてない組織である。世帯主の年齢が「番」の担当に影響することは普通ない。ただし、女性が世帯主の場合は、その負担とか仕事を免除したり、参加を認めなかったりすることは多い。

第四は、名称の「番」に集約されているが、当番制の組織であり、その当番に当たった家がある期間は一定の責任をもって物事を処理する。「衆」が協議する組織であるのにたいして、「番」は責任担当制の組織である。

「番」の組織はどこでも影の薄い存在である。それは、明治町村制下の区長、区長代理という役職、さらにそれを継承した戦後の町内会長、自治会長等の役職制度が村落運営の中心を握り、「番」はその下で小間使い的な仕事をする存在にしだいになってきたことによる。近世には村役人は個々のムラにいるとは限らなかった。東の支配単位としての村は大きく、その大きな村に村役人はいた。一つの支配単位としての村のなかに多くの生活組織としてのムラがあった。このことは、近世の藩制村を引き継いだ大字と生活組織としてのムラを把握した農林統計上の単位である農業集落との関係を見ることで明瞭になる。近畿地方や北陸地方では、大字と農業集落の一致するのが原則であるのにたいし、関東地方では、一致しないのがふつうであり、その場合大字のなかに複数の農業集落を含む形となっている。藩制村に含まれていた個々のムラには必ずしも村役人がいるわけではなかった。ムラの運営は村役人ではなく、「番」組織で行われていたものと考えられる。たとえば、連光寺村の馬引沢の月番は月番帳面を引継ぎ、そこに担当した月に処理したことを記録していたのは、そのことを示している。

月番、年番、水番、当番その他さまざまな「番」が存在する。それら「番」組織はもちろん近畿地方の村落においても存在する。しかし、近畿地方の「番」は「衆」の下位組織として、「衆」の指示を受けて特定の仕事を担当するものであり、「番」が村落運営上に特定の権限や責任を持っていないのが普通である。関東地方では、「番」の上に「衆」組織が乗っている所はない。すなわち「衆」組織の欠如した村落が東のムラの特質と言ってもよいほどである。

しばしば年齢集団は個人を家から抜き出して、組織編成したものであり、それは個人を単位とした組織であるから家とは対立するというように説かれるが、関東地方の年齢集団は基本的に家を単位として編成されている。年齢集団の中核的存在である若者組は、西日本では加入年齢・脱退年齢が明確で、その年齢の範囲内の若者は、長男であれ次男であれ全員が加入する。ところが、関東地方の若者組は、加入・脱退の年齢はあるが、それよりも家の跡取り（長男）かどうかということが優先する。すなわち、若者組に加入できるのはその家の跡取り息子（長男）のみであり、時には親子交替制になっている所もある。すなわち、親が脱退するのに接続して跡取り息子が加入するというもので、たえず一軒の家から一人は加入しているものである。この場合、多いのは若者組の加入年齢に子供が達するまでは父親は加入していなければならないというものである。したがって若者組の加入者はそのムラの戸数に一致する。

東の民俗・西の民俗

祭りの東西

ムラ祭りの東西

各地の祭礼や芸能を見て歩いている人であれば、だれもが経験的に感じていることに、複雑で独自性の強い祭りや芸能は日本の中央部である近畿地方やその周辺に多く見られ、関東地方や中部地方では神社の祭りも単純で、どこも同じ形式であることが多いということがある。関東地方や中部地方の多くの神社では、神職が祝詞《のりと》を奏上し、神社祭式に規定された神饌《しんせん》が供えられ、そして玉串奉奠《ほうてん》という式次第で行われることが一般的で、どこの神社の祭りもほぼ同じような展開を示している。そして、神社の祭りに伴う芸能も少ない。踊りとか舞いも少なく、古くから伝承されている芸能がある所は珍しく、それだけに有名になっている。ほとんどだれにも知られず、ムラで静かに芸能を演じ、伝承している所などはない。そして、舞いにしても、浦安の舞いに典型的に示されるように、近年になって神職側の働き掛けで舞われるようになったものが多い。

　ところが、近畿地方や中国地方では、神社の祭りに際して、しばしばさまざまな特色ある供物が作られ、供えられる。ごく平凡なムラの氏神であっても、神社の祭りを華やかに彩る供物を見ることができる。神社側の用語で言えば、特殊神饌であるが、近畿地方ではそれは決して特殊ではない。むしろ常態である。そして、さまざまな作法を伴った祭礼が展開し、また芸能が演じられる。それらは専門の神職が行うのではなく、氏子自らが準備をし、また神に供えたり、奉納したりしている。すなわち祭りの執行への氏子の関与の度合いが大きく、しかも複雑なのである。

　このような印象の地域差は、今まで述べてきた村落社会の地域差と無関係ではない。関東地方や中部地方という東では、神職による祭りの執行であり、そのために神社祭式という制度化された方式に則って祭りが行われる。祭礼には氏子総代に加えて村落組織の役職者、たとえば区長、区長代理、自治会長等が列席するのみで、一般の氏子にはあまり関係のない儀式である。これは氏神・鎮守の祭祀が近世以来村落祭祀として行われてきてはいても、村落としての統合よりも家を単位としての個別性を指向する社会の有り方がやはり示されているのである。個々の家が年中行事として多くの行事を行い、また屋敷神を祭祀し、時には同族神をまつる。そのような家を単位とした個別の祭祀に重点があり、ムラの祭祀は専門的な神職に委ねてしまっているといえる。

　近畿地方では、神社祭祀はムラ人にとって重要な存在である。自分たちが祭礼を執行するという側面が強く維持されている。もちろん近畿地方の神社の祭りにおいて神社祭式による神職の儀式はある。しかし祭りの中心はそこにはなく、その前後に行われる氏子自らの手による行事や儀礼が祭りとして理解されている。神饌として特別に込み入った品物を作る場面、神に供物を奉納する儀礼、あるいは終わってからの直会《なおらい》の儀式等をその土地の祭りと考えている。職業的な神職がいても、ムラ人はそれに全てを委ねようとはしないのである。

宮座の東西

氏子のなかの一定の資格を有する者が神仏の前に一座してムラの氏神（あるいはそれと同じ位置を占める仏堂）の祭りを独占的に執行することがある。その組織および儀礼を宮座《みやざ》と呼ぶ。神前に一座して祭祀を行うから宮座というのであるが、もちろんこれは学術用語であり、どこでもすべてが宮座といっているわけではない。その呼称があるなしにかかわらず、特定の氏子が一座して祭りを行うのであれば宮座である。宮座は三つの特質で定義できる。第一は神前に一座して神仏を祭る組織である。宮の座であり、座は座席を意味するのである。第二には定員制の組織である。一座できる人間を特定の数に限定している。第三に男子の組織である。歴史上は女房座などと呼ばれる組織があったことが文字資料に出てくるが、少なくとも現在のあり方としては男子の独占する組織であり、女性はその配偶者として脇役的に登場するに過ぎない。

この宮座組織は全国的に見れば、近畿地方に濃密な分布を見る。中部地方や関東地方では少ない。東北地方では稀《まれ》にしか存在しない。先に指摘した近畿地方の氏神祭祀が複雑な方式で祭祀を行うのは実は宮座組織で祭りを執行している所であるといってよい。氏子自らの組織である宮座が、その内部で昔から伝承されてきた方式で供物を作り、それを供え、また神仏をもてなす。その宮座の存在が祭りを持続させてきたのであり、時には上からの神道的な祭式に抵抗し、独自の祭祀方式をかたくなに守る力にもなってきたのである。関東地方では、どこでも同じように神社祭式に従って神職主導の祭りが執行されているのは、このような氏子自らの祭祀執行組織を形成、維持してこなかったことに一つの大きな要因があるといってよいであろう。関東地方や中部地方の祭りは近世以来村役人やムラの役職者中心に行う傾向があり、それに神職の制度化が覆いかぶさり、神社祭式に基づく形式的・制度的祭礼が中心になってしまったのである。

宮座は定員制の組織である。そこで、その一座する人間の資格の決め方によって大きく二つの種類に分けることができる。一つはムラの成員のうち特定の家々のみが世襲的に列席一座する権利をもっている株座《かぶざ》であり、他の一つは一定の条件に適合した個人が列席する資格をもつようになる村座《むらざ》である。この宮座の二分類は実証的宮座研究の開拓者肥後和男によって設定されたものであり（肥後和男『宮座の研究』一九四一年）、その後通説として採用されてきた。しかし、不思議なことに宮座といえば株座のことと一般的には理解され、辞典的説明や教科書的説明となってきた。宮座を再定義して特権的祭祀組織とする説明にそれは典型的に現れており、特に歴史研究において常識となっている。しかし、宮座は特定の家々が祭祀を独占する特権的祭祀組織とする理解には問題がある。その理解はあえて言えば東的宮座理解である。

関東地方には宮座は少ないのであるが、その少ない宮座は例外なくすべて株座である。先祖代々特定の家々のみが神前に一座する権利を有している。そのような株座にのみ注目して宮座を定義すれば、宮座は特権的祭祀組織ということになる。多くの歴史辞典や概説書は宮座を村内の特定の家々が世襲的に祭祀を独占する組織として説明している。関東地方の宮座はまさに特権的祭祀組織であり、祭祀に関与する者は、生まれ落ちた家によって運命的に決まってしまう。そして、個人の年齢とか資質とかいうことと無関係に、その家の主人とか跡取りであれば、自動的に祭りの席に出るのである。そして、出席した場合に、どこに座を占めるかは世襲的に決まっている。出席する人物の年齢の上下に関係なく、座席は家として固定している。その座の配置に村落としての秩序が示されているのである。

そのため、各地の株座による宮座の場合は、紛争を防ぐために座配の図を作成している。家として座席、座順が固定しているので、それを書き記した文書を作成して、後世に残しているのである。特に近世後期以降、宮座内部での家格と実際の経済力や政治力との間にずれが出てくると、座の下の方にいる家から座席や座順に不満が生じ、争いが起こることがしばしばであった。そのために、座を書き記して証拠とすることが行われた。それはまた、同様の理由で、祭祀から排除されている座外の家からの疑義や要求にたいしても、座株を守るためのものでもあった。

他方、濃厚に宮座の分布が見られる近畿地方は多くが村座である。村座は、一定の資格が生じた氏子が神前に一座するのであるが、その場合も定員があり、その定員だけの人数が一座するのである。多くは年齢順に加入していく。そして、一定年数加入して、脱退するのである。したがって宮座に列席できる人間はいつも限られた者であるが、それは生まれながらに決まっているのではなく、ムラ人のだれもが資格を獲得すれば一員になれるものである。このような村座が近畿地方では多数を占めるが、株座も少なくない。その点では関東地方と共通する面も見られる。しかし、注目されるのは、村座であれ、株座であれ、しばしばその内部秩序は個人の獲得する資格によっていることである。年齢とか儀礼終了順であるとかによって座順が決まるのが普通である。したがって、宮座内での座席は時間の経過とともに次第に移動して上座に移っていくのである。そして、最終的には最上座に達して、宮座から引退するというのが一般的な姿である。個人を基準に宮座の秩序ができているといえる。

変化する祭りと維持される祭り

関東地方のムラの祭りでしばしば見られるのは、お神輿《みこし》や太鼓をトラックの荷台に乗せて巡行している姿である。神輿の担ぎ手がいなくなったり、太鼓の引き手がいなくなってきたため、このような簡便な方式が採用されたのであるが、そこには旧来の祭礼の方式を現代の状況に応じて変化させ、形式にこだわらずに執行することを問題にしない姿勢を窺うことができる。同様に、祭日の変化も一般的に進められている。ムラの祭りをはじめ、各種の行事が日曜日とか祝日に行われることが普通になってきている。農村といっても、兼業が主の第二種兼業農家が圧倒的多数を占めており、中心的な働き手は農業に従事せず、ムラの外に働きに出ているのが常態である。その人々が祭りに参加できるとすれば、日曜日とか祝日という休日しかないということで、旧来の特定の月日がそれに近い日曜日か祝日に変更される。この点では、さらに祭礼そのものを廃絶してしまうということも起こっている。ムラが家を単位にして構成され、家の個別性を強調する関東地方のムラでは、個々の家の利害なり立場が重視され、ムラの共同性もそれに従属するのである。家にとって不都合なことはムラの共同に関することでも旧来の方式を簡単に変更したり廃絶することが当然ということになる。もちろんそれに抵抗する老人たちもいるが、全体的な趨勢《すうせい》は個別の家を優先させ、家々に共通な条件によって、ムラそのものの共同性は変化するのである。

近畿地方でももちろん伝統的な祭礼行事の変化はある。祭日の変更も多くなってきている。しかし、相対的には、関東地方に比較して旧来の方式を墨守《ぼくしゅ》しようとする傾向は強い。近江では正月から二月にかけて多くのムラでオコナイと呼ばれる祭りがあるが、それは現在でも以前からの月日を守り、その日には勤務先を休んででも出席するのが普通である。一定の資格を得て座に着席することができる人間は、勤めよりも祭りを優先させて、行事に出るのである。祭礼自体も

図41　近江の宮座１（滋賀県野洲郡野洲町三上の神事）

図42　近江の宮座２（滋賀県甲賀郡甲南町稗谷のオコナイ）

簡略化の傾向にあるが、それでも若者たちが紋付《もんつ》き羽織《はおり》袴《はかま》姿になって行事を行い、また挨拶《あいさつ》の言葉を昔からの決まった表現でしているのを見ると、関東地方とは異なることを強く感じることになる。見物客や写真家が群がる有名な祭礼や芸能であれば、関東地方でも伝統的装いをしようとして、服装も上下や羽織袴姿で、所作《しょさ》をそれなりに整えているが、ごく普通のムラの祭祀でそれを見ることは稀だといえる。洋服姿であり、しかもラフな普段着で参加するのがむしろ常識である。ところが、近畿地方ではだれも見物客や写真家がいないような普通のムラの祭りでもしばしば形式を整え、旧来の祭礼の方式をその年も崩さずに執行しようとする。そこには、ムラを家よりも優先させ、ムラと個人を一体化する考えが見られる。

ムラとして行事を行い、祭祀を執行することで、個々の家の生産・生活が維持されてきたという近畿地方村落社会の特質は、全体社会の急激な変化のなかでかえって顕在化し、人々に意識されるようになってきているのではなかろうか。ムラの住民も毎朝ムラから外に出て、さまざまな事業所に勤めに行く。その時間、空間ではムラの秩序とは関係のない個人として行動し、思考しているであろうが、一歩ムラに戻ればムラの共同性のなかに個人を置くことになる。生まれて以来、そのムラの年中行事、ムラの祭礼のなかで育ってきた人々にとって、生活の場としてのムラは掛け替えのない存在なのである。

年中行事の東・西

家の年中行事

関東地方で年中行事といえば、それは各家で行う月日の定まった行事のことをいうのが普通である。一年間を通して数多くの行事が行われるが、その大部分は各家で執行され、時には他の家の者が参加したり、列席したりすることはあるが、それは執行主体ではなく、あくまでも客として参加している。したがって、実施される月日はムラとして共通していても、その日に行う儀礼や食事の内容は家によって異なることがしばしばである。もちろん関東地方のムラでも、ムラとして行う年中行事がないわけではない。しかし、その多くはムラの鎮守の祭礼とか念仏講《ねんぶつこう》、庚申講《こうしんこう》等という講集団の行事である。一年のはじまりにあたって村人が一同に会して年頭の挨拶《あいさつ》をすることは関東地方ではあまりない。年始とか年礼という形で、各自が家々を訪問して新年の挨拶をするのが基本的な姿である。また正月と並んで最大の年中行事であるお盆も、各家が個別に先祖の墓にお参りして先祖を迎えてきて、また屋敷の入口で門火、迎え火を燃すのが普通である。送るときも同様である。その他、三月の雛祭《ひなまつり》、五月の端《たん》午の節句《せっく》等はもちろん、多くの行事がそれぞれ家で行われている。

関東地方の近年刊行の県史とか市町村史を見ていると、近世の史料編に生活史に関係する文書を多く収録しようとする努力の跡がみられる。その生活文化の資料として収められた文書の一つに、家の年中行事に関する定書きがある。子孫のために書き残したもので、事細かにそれぞれの行事の内容を記述していることが多い。近世の名主・庄屋という村役人の日記類も近年は活字となって読む機会が多くなったが、そこにも年中行事が記載されている。また、その年中行事や休み日を書き出して提出させたものや、書き出した月日以外には休まないことを誓約した請け書もしばしばみられる。それらを見ると、年中行事がほとんどすべて家の行事として行われてきたことが分かる。

一例を上野国《こうずけのくに》勢多郡《せたぐん》水沼村《みずぬまむら》（群馬県勢多郡黒保根村《くろほねむら》水沼）の星野家の『年中行事覚書』に求めて、この点を検討しておこう。この帳面は横帳であるが、表紙は欠け、各ページの端はよれよれになって曲がっており、全体は赤茶色に煤《すす》けている。帳面の綴《と》じの部分には、吊り下げられるように紐《ひも》が付けてある。これは、囲炉裏《いろり》のある部屋の隅に長年吊りさげられ、必要に応じて参照されてきたことを物語っている。『年中行事覚書』というのは仮題であり、本来表紙に何と書か

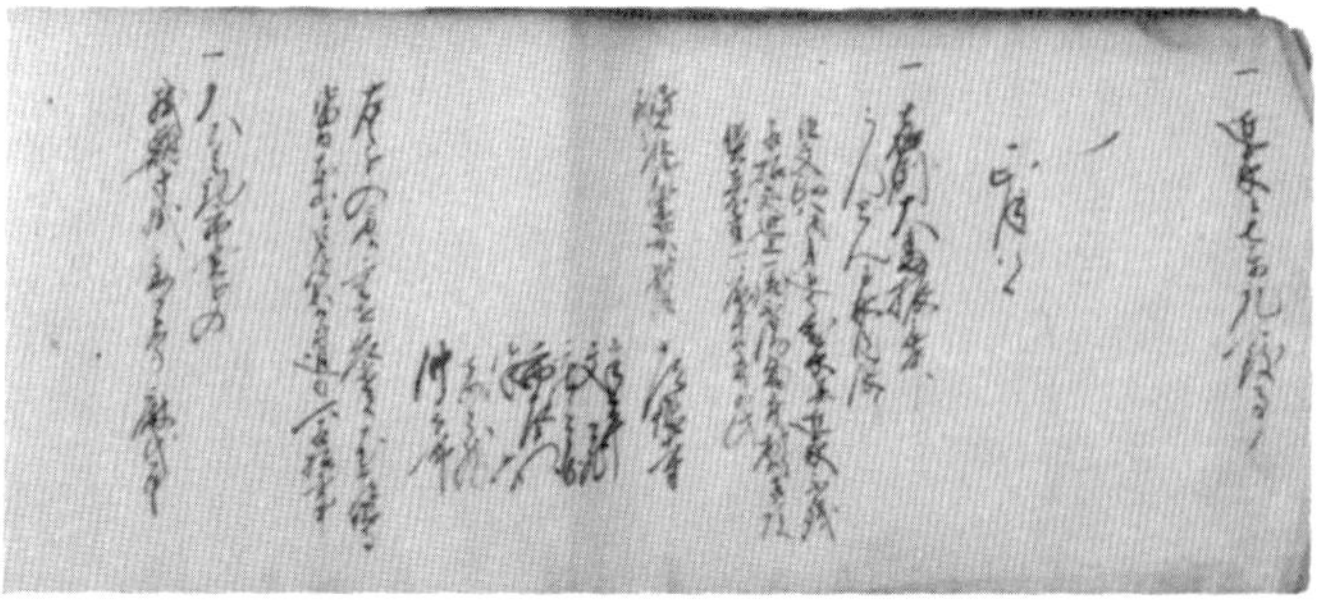

図43　星野家『年中行事覚書』(群馬県勢多郡黒保根村水沼)(朝日新聞社『週刊朝日百科日本の歴史』別冊「歴史の読み方」9巻，1989年，48ページ)

れていたかは分からない。全部で九七ページの帳面で、大部なものである。そこには正月から始まって一年間の行事が月日を追って記載されている。資料としての性格は、帳面の末尾に弘化三年（一八四六）十二月という年月と共に、「右之通、無㆓懈怠《けたい》㆒相勤候勿論、先祖より万端質素ニ相暮候処」云々とあるように、子孫にたいして生活が奢侈《しゃし》に流れず、先祖以来の伝統を守るように、行うべき行事を示して諭《さと》したものである。そして、子孫は、この帳面を参照しながら時々の行事を執行してきたのであろう。帳面の現状がそれを示している。

　この『年中行事覚書』には全部で一二〇ほどの行事が記載されている。この数字には、一連の行事であっても、行う内容が異なれば一つと勘定したからで、年間を通して五〇日余りの日数に行事がある。それは正月の年礼から始まる。いわゆる年始の挨拶である。元旦には鎮守拝礼、また檀那寺《だんなでら》の常鑑寺、あるいは今別院という寺への年始、さらに村内外の付き合いのある家々との年始贈答、そして支配代官の岩鼻《いわはな》代官所への年始等である。この年礼は元旦だけではなく、正月の期間中行き来をして行うものである。そして、正月元旦、二日の年《とし》徳神《とくじん》への供物、また正月二日の商売始めの行事を記載している。二日の商売始めは「金銀日〆帳」とか「小遣帳」、算盤《そろばん》、秤《はかり》等を年徳神の棚に上げることを指示している。正月四日は棚さがしで、年徳神以外の諸神に供えてあった物を残らず下げて、それをお粥《かゆ》にして朝食として食べる。またこの日には檀那寺常鑑寺から年始に来る。正月七日は七草粥《ななくさ》である。正月八日は大番《おおばん》振舞《ぶるまい》である。これは関東地方でひろく行われていた民俗で、正月に同族の家々や親類を招いてご馳走《ちそう》をするもので、本家格の家に分家が集まるものと、各家が互いに招待し合うものとがある。星野家では互いに行き来するのではなく、本家として分家と近所の家を文政八年（一八二五）までは残らず招いてご馳走していたが、世の中が不景気になったので中止し、家内だけでうどんを食べるようにし、従来招待していた分家や近所には重箱で料理を届けるように変わった。正月十一日は鍬立である。畑に出て初めて農作業の所作をする儀礼である。どこで鍬立するかも指示されている。

以上は正月の行事について紹介したのであるが、このような行事が月日を追って次から次へと書かれている。それらを月日順に掲げると以下のようになる。

正月元日（年礼）、二日（年礼、商売始め）、三日（檀那寺年始）、四日（棚さがし）、七日（七草

粥）、八日（大番振舞い）、十一日（鍬立て、火炉祭、御祈禱）、十三日（作り花支度）、十四日（蚕神、蚕日待）、十五日（十五日粥、繭玉、年徳神御棚やすめ）、十六日（繭玉下げ）、二十日（恵比寿講）、二十三日（二十三夜講）、二十四日（愛宕《あたご》精進）

二月二日、八日（こと八日）、初午、彼岸、二十五日（鎮守祭日）

三月三日

四月八日（草餅・藤を諸神へ供える）、十七日（日光祭日）

五月五日、田植え

六月十五日（いり花、生身玉《いきみたま》祝儀）、二十七日（石尊宮へ灯明）、夏穂がけ

七月一日（釜の口明け）、七日（七夕祭）、十三日（盆迎え、盆棚仕立て）、十四日（主人盆迎え）、十五日（盆礼）、十六日（送り盆）

八月一日（八朔）、八日（施餓鬼《せがき》）、十五日（十五夜）、彼岸、二十五日

九月九日（重陽《ちょうよう》）、十三日（十三夜）、二十四日（御日待）、二十五日（重陽祝、八丁注連《はっちょうじめ》）

十月一日（亥の子）、十日、二十日（恵比寿講）

十一月八日（吹子祭）、十五日（油祝い餅、稲荷祭）、二十三日（大師様）、荒神祭

十二月一日（川びたり餅）、五日、八日（こと八日）、十二日（御松迎え）、十三日（煤掃き）、十五日（節春）、二十三日（二十三夜待）、二十五日（餅舂、御注連ない）、二十七日（辻中団子）、

節分、大晦日

このように毎月のように多くの行事がある。それらはほとんどすべて家ごとに行う行事であり、その家の者だけが関与するのが普通である。時には大番振舞いのように分家や近所の者を招いて行う行事もあるが、それもあくまでも招待客である。あるいは料理を配るとか届けるという形で、他の家と関係する行事もある。しかし、行事の執行自体は家ごとに行われている。年間通しての年中行事の大部分は正月の行事とほぼ同じ形である。しかし、もちろんなかには家々が共同して行う行事や、ムラとしての行事もある。この『年中行事覚書』に記載されたものとしては日待と講、そして鎮守祭礼が基本である。日待では正月十四日の蚕日待、正、五、九、十二の各月の二十三夜待、講としては庚申講がある。鎮守の祭日は二月二十五日となっている。村落レベルの行事の総数は一〇もないほどである。したがって、年中行事といえば、基本的には家単位に行うものであることが判明する。

関東地方や中部地方の農村では、名主とか地主の家にこのような年中行事の記録が残されていることが多い。それらは子孫が前々からのしきたりを守って年中行事を実行することを期待して、個々の行事の内容や方法あるいは注意すべきことを書き残したものである。水沼村の星野家のものもそうであった。同様の史料はいくつも知られており、近年では活字化されて読む機会も多くなっている。そのなかからいくつかを見ておこう。

栃木県真岡市真岡荒町《もおかしもおかあらまち》の塚田家の弘化年中作成の『年中行事控』は実に詳細な内容で年間通しての行事の内容を記載している（『栃木県史・史料編近世三』八一五〜八二八ページ）。たとえば正月三が日の食事について、朝祝いの雑煮の内容、夕食の献立を指示しているし、年始に訪問すべき所とそこへ贈る品物や金額を書き、さらに、

三ケ日之内

一　ほうき不用

一　湯をたてず

一　門松たてず

という家としての禁忌を記している。

その後も日にちを追って家の者が行うべき行事内容が書かれている。六日は年越であり、また山入の日となっている。「朝早ク野にて焚木ヲ取、其木にて風花もいり申候」とし、歳末の餅搗《もちつ》きのときに糯米《もちごめ》と粟《あわ》をとっておいたものを山入で伐《き》ってきた焚木《たきぎ》で煎《い》って、年神はじめ諸々の神に上げる。また年神には切り餅も焼いて俵ぼっち（桟俵）に乗せて供える。七日は七草雑炊、九日は伊勢代参出立、十一日は蔵開と鍬入れと毎日のように行事があって、小正月になる。それらの行事をみていくと、やはりほとんどの行事が塚田家の行事である。家の外で行われる行事であっても、そこに参詣するとか供物を供えることが指示されているのであって、他の家々と一緒

になって行事を執行するというものはほとんどない。

少し年代の新しい史料を紹介しよう。長野県上伊那郡宮田村南割田中の湯沢家に残されている大正四年（一九一五）一月編集の『年中行事』という帳面である（向山雅重『信濃民俗記』一九六八年、三九二〜四一〇ページ）。これは、当時家長であった湯沢源助の妻きぬが、自分の年間行うべきことを記録して、仏壇の戸棚にいれていた手控えであるという。したがって資料の性格からも、記述の内容は家としての年中行事である。しかし、その家としての行事があまりに多いことに驚かされる。正月元旦から始まり、二日はスリ初メ（朝食に芋汁を作り、それを年神その他に供える）と買初、三日は恵比寿祝い、六日は年取り、七日は七草ノ粥、十一日はお供え開き、十二日は米洗い（小正月の餅の米洗い）、十三日餅搗（七重ねお供え餅を作り、また餅で繭玉《まゆだま》も作る）、十四日小年取り、十五日は小正月、十六日は繭ネリ（小豆のなかに飾ってあった繭玉を入れて煮る）。このように、やはり近世の多くの年中行事の記事と同じように、ほとんど全部の行事を家として執行している。

同様に、明治が終わり大正という年号に変わったことを記念して書かれた『家族心得』と題した帳面が浜名湖の北側の静岡県引佐《いなさ》郡《ぐん》三ケ日《みっかび》町《ちょう》平山《ひらやま》の加藤家にある。これは当時の家長加藤寅蔵（一九六七〜一九四五）が子供や子孫のために諸々注意事項を記載した帳面であるが、その最初は年中行事である。その正月の記事は次のような内容で始まっている。

一　正月元日ニハ神ヤ仏ノ掛物ヲ出シテ御神酒及餅等ヲ献シ、年中家内ノ無事、国家泰平ヲ祈ル事。
一　氏神詣リヲスル事。
一　大福寺へ先祖ノ仏前へ餅ヲ一膳献納スル事。
　　但シ、餅ノ大小ハ其ノ時々ノ主人ノ考ニテスル事。

このように、加藤家として行うべき行事や儀礼が詳細に記されているが、そこに平山のムラとしての行事についてはほとんど出てこない。書かれているのは多くが神仏への参詣である。正月三日、三月二十八日の二日が氏神祭と記されているが、特別な行事はなく、参詣することだけが指示されている。それに対して、家の年中行事としての内容は具体的である。たとえば三月三日の節句については次のように記している。

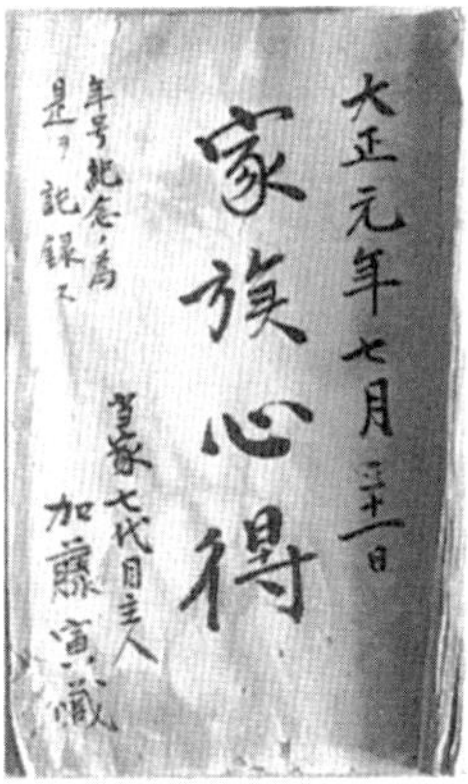

図44　加藤家『家族心得』表紙（静岡県引佐郡三ヶ日町平山）

一　三月三日節句ヒナ祭リスル事。花草餅、御神酒ヲヒナニ献シ、若夫婦ヤ娘ハ多少共桃ノ酒ヲノム事。初子ノアル家ヘハ多少共御祝儀ノ儀理ヲスル事。
近親及世話人親ヘ節句ノ義理ヲスル事。

そして、詳細を極めるのは盆の行事についてである。七月一日の墓地の掃除から始まり、二十四日の盆灯籠を寺に納めるまでの行事の心得が書かれている。家の年中行事が年中行事の基本であることをよく示しているといえよう。

このような家単位の年中行事のなかには注目すべき内容がしばしば含まれている。それは関東地方でカレイ（家例）とかエンギ（縁起）と呼ばれる家独自の行事である。家例はことに正月行事に集中している。有名な家例としてはいわゆる餅なし正月がある。赤城山の東麓の群馬県勢多郡黒保根村下田沢の清水では、正月三が日の朝食に食べるべきものが家によって決まっているが、その内容が各地で一般的な餅を入れた雑煮でない家が多い。正月三が日には餅を食べないだけでなく、さらに正月食として餅をつかないことを強調している家も少なくない。家例は一軒のみということはなく、本家、分家すなわちイッケと呼ばれる同族集団の家々は原則として同じ家例である。白飯を食べるイッケ、赤飯を食べるイッケ、あるいはわざわざ冷白飯と里芋を食べるイッケがある。正月に餅を食べないのは、先祖が貧乏をして餅を食べられなかったからで、その先祖の苦労をしのぶためだという。しかし、注目してよいのは、より積極的に餅をつかない、あるいは餅をついてはならないという伝承を伴っており、臼《うす》や蒸籠《せいろ》を出してもいけないという。特にそれを強調するのは大塚イッケの家で、秋のコトヨーカ（十二月八日）から春のコトヨーカ（二月八日）まで蒸籠を使ってはいけないと、長期間の使用を禁じている（東京女子大学民俗調査団

『黒保根村清水の民俗』一二五ページ)。

このような餅を食べないことを家例としているのは関東地方の全域に見られるが、特に北関東には濃密な分布を見る。いずれも、ムラとしてそのような禁忌が存在するのではなく、家として伝承しているものである。家例と呼ばれるゆえんである。そして、そのような家ではしばしば里芋を正月の食物としていることが注目される。このことに注目して独創的な論を展開したのが坪井洋文である。坪井は餅を稲作の象徴としてとらえ、餅を正月に食べる文化にたいして、芋を焼畑=畑作物の象徴として把握し、それを正月の儀礼食とするのは、稲作文化とは異なる文化の伝統を示すものであるとした。

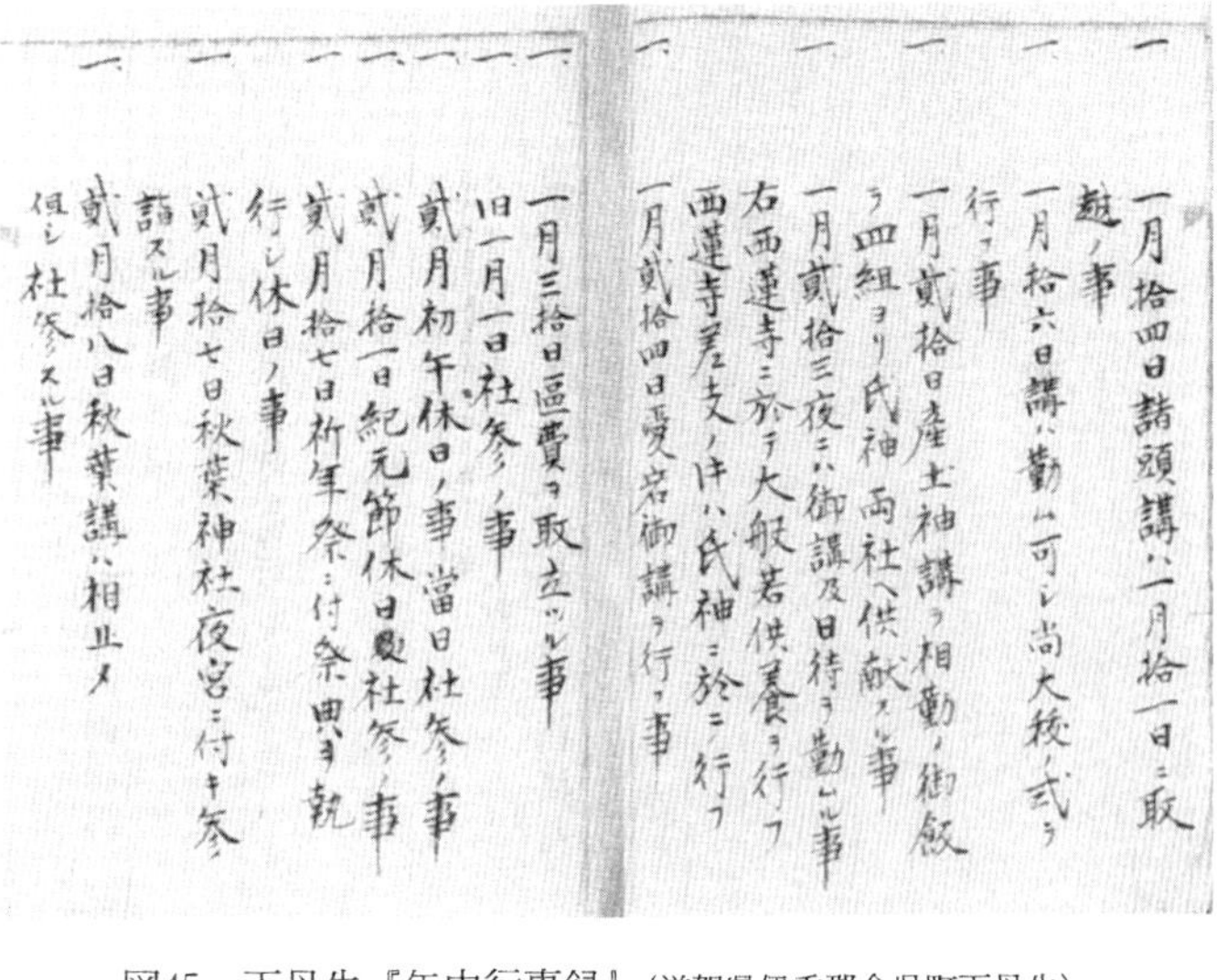
一月拾四日諸頭講ハ二月拾一日ニ取
越ノ事
一月拾六日講ハ勤ムヘシ尚大秡ノ式ヲ
行フ事
一月貳拾日産土神講ヲ相勤ノ御飯
ヲ四組ヨリ氏神両社ヘ供献スル事
一月貳拾三夜ニハ御講及日待ヲ勤ムル事
右西蓮寺ニ於テ大般若供養ヲ行フ
西蓮寺差支ノ時ハ氏神ニ於テ行フ
一月貳拾四日愛宕御講ヲ行フ事
一月三拾日區費ヲ取立ツル事
旧一月一日社参ノ事
貳月初午休日ノ事當日社参ノ事
貳月拾一日紀元節休日ニ付社参ノ事
貳月拾七日祈年祭ニ付祭典ヲ執
行シ休日ノ事
貳月拾七日秋葉神社夜宮ニ付キ参
詣スル事
貳月拾八日秋葉講ハ相止メ
但シ社参スル事

図45　下丹生『年中行事録』(滋賀県伊香郡余呉町下丹生)

坪井は各地の資料を集めて論じているが、正月に餅を食べることを禁忌とする事例は関東地方に集中し、その他では和歌山県南部と四国西部に比較的濃密に見られることを明らかにしている(坪井洋文『イモと日本人』)。

ムラの年中行事

近江湖北の下丹生の区長は大変忙しく激務である。現在では専業農家はなく、全てがムラの外に働きに出ている兼業農家の主人であるが、その勤めを休んでムラの行事を執行することも年間通して少なくない。区長の任期が一年間であるのも、その仕事の忙しさのためといえる。その区長が歴代引き継いでいる帳面に『年中行事録』と題するものがある。これは一種類ではなく、同じ表題の帳面が数冊区長の帳箪笥《ちょうだんす》に残されている。現在区長がもっぱら利用しているのは昭和初年に書かれたものである。その最初のページを見てみよう。以下のように書かれている。

一　一月一日午前七時ヨリ八時迄ニ氏神及ビ西蓮寺ヘ年頭拝礼シテ区中一同御慶ス。但シ一日二日三日堅ク休日ノ事。

一　一月二日小頭ノ餅ハ二日ニ搗キ、三日ニ上ゲ、四日ニ下シ、六日小頭ノ餅ハ六日ニ搗キ、七日ニ上ゲ、八日ニ下ス事。

但シ搗頭番ハ、搗頭主ヨリ御神酒三合氏神ヘ献納スル事。尚、御鏡ハ組諸頭ヨリ組世話ヘ持参シ、組世話ヨリ区中一般ヘ配布スル事。

表3　下丹生の年中行事

月　日	行　事	月　日	行　事
1月1日	氏神・寺年頭拝礼	5月23日	二十三夜の祈禱
2日	小頭	6月12日	苗代仕舞
8日	愛宕代参道迎講	30日	大祓の式
10日	洞寿院年頭参り	7月1・2日	農休み
11日	火祭立の式	20日	産土神祭
	大頭米寄せ	8月14・15日	盆
13・14日	神事	16日	社参，歓楽野明神盆礼
14日	諸頭講	23日	野神祭
16日	十六日講	24日	休日
20日	産土神講	30日	区費・代参掛銭取立
23日	二十三夜の御講	9月1日	風の前祈禱
24日	愛宕講	9日	氏神へ餅供え
30日	区費取立て	16日	御祭礼
旧1月1日	社参	21日	伊勢道迎講
2月初午	休日社参	秋分	秋季皇霊祭
11日	紀元節	10月17日	神嘗祭
17日	祈年祭	11月3日	明治節
17日	秋葉神社夜宮	5日	諸願祓いのため百灯
18日	秋葉講	20日	産土祭
3月春分	春季皇霊祭	26日	新嘗祭
3月3日	氏神祭日，大祭典	12月16日	神官・井米等徴収
4日	休日	25日	大正天皇祭
4月29日	天長節休日社参	31日	大祓の式
5月2日	荒田		

これで分かるように、正月元旦の早朝から区長以下各家の主人は氏神とその脇にある寺に詣ると共に互いに挨拶をする。これに始まり、数多くの行事が記されているが、その大部分に区長が関与する。それをみていくと、毎月何日もの行事がある。それを整理したものが表3である。

このなかにはもちろん戦後の制度的改革や社会情勢の変化で行事の名称を変更したり、実施を廃止してしまったものもある。ここには一応作成当時の行事名で掲げてあるが、現在では別の名称の行事になっているのもある。たとえば、四月二十九日の天長節は「天皇誕生日」、三月の春季皇霊節と九月の秋季皇霊祭はそれぞれ「春分の日」、「秋分の日」、十一月三日の明治節は「文化の日」と帳面には別筆で書き変えられている。

以上の行事を数えると四五にもなる。もちろんこの中には単に休日社参という日がいくつも含まれている。しかしそれにしても、ムラとして行う行事がいかに多いかが分かるであろう。これでも行事を減らした結果なのである。休日社参となっている日はもとは一定の行事があったし、この『年中行事録』にも、たとえば三月十六日、四月十六日、六月十六日、七月十六日、八月十六日、十二月十六日のそれぞれには御講（十六日講）が行われていたが取り止めと記載されている。また、五月二十三日の二十三夜待も取り止めと記載されている。その他に、年間を通して「取越」と記載された行事がある。たとえば五月二日の箇所には「五月二日荒田休ノ事、当日朝十六日講ヲ取越シ相勤メ、午後二十三夜ノ祈禱取越ヲ相勤ムル事」となっている。本来行うべき日にはせずに、便宜的に日程を変更して行うことを「取越」と言っているのであり、五月十六日の御講と二十三日の二十三夜待を五月二日の荒田休みの日（田植え準備のための田起こし終了後の休日）に繰り上げて実施してしまうものである。したがって、従来であれば、三日の行事であったものが、一日で済ませてしまうということになる。このような取越の行事が年間を通していくつもある。もちろん、取り止めとか取越がある一方では、新しい国家的行事がムラにも入ってきて行われるようになり、その分だけ行事の数は逆に増えている。紀元節、春季皇霊祭、天長節、秋季皇霊祭、明治節、大正天皇祭等がそれである。恐らく、そのような国家的行事が外から押しつけられることによって行事が増加したことに対応して、ムラの伝統的な行事が取り止めや取越になったのであろう。以上によって、かつての下丹生の年中行事は年間五〇日以上に及んだものと判断される。それは各家で個別に行う行事ではなく、ムラとしての行事である。このことは、年中行事といえばムラとしての行事であることを示している。区長ともなれば、これらの行事に参加することが要求され、そのための参考書の役目を『年中行事録』は果たしている。

同じく滋賀県の甲賀《こうか》郡《ぐん》水口《みなくち》町《ちょう》杣中《そまなか》の区長が引き継いでいる書類のなかに『昭和六年一月起、昭和四十二年十二月改正、八坂神社祭典及年中行事記録、大字杣中』と題する横帳がある。その最初にはムラの祭祀の中心になるミヤモリ（宮守）についての規定が「宮守年令順」という見出しで書かれている。すなわちこのムラの神社の祭りやムラの年中行事を担当し執行する役はミヤモリと呼ばれるが、それは年齢順に就任することになっているのである。そして、次に「年中行事」という題で宮守が担当すべき一年間の年中行事が細かく記載されている。正月準備に始まり、多くの行事が出ている。その名称のみを月日順に掲げると以下の通りである。

正月準備、
一月一日（元旦供物、国旗掲揚）
六日（歳越）、七日（七日正月）、十四日（歳越）、十五日（小正月）
二月節分、十九日（祈年祭）
三月節句
四月三日（御風参り）、十六日（例祭）
五月節句、七日（旧例祭）
六月（早苗振《さなぶ》り）、雨乞
七月七日（祇園《ぎおん》祭、七夕《たなばた》祭）
九月節句、十四日（秋葉籠《あきはこも》り）
十一月一日（神送り祭）、三十日（神迎え祭）
十二月一日（新嘗祭）、十六日（宮守引継ぎ）、三十日（大祓祭）

ここに記載された行事の数は下丹生の『年中行事録』に比較するとよほど少ない。これは宮守が担当すべき行事について規定しているからであろう。しかしそれでも正月準備から年末の大祓祭まで二十三日に及ぶ行事の日があり、そのなかには関東地方であれば各家の行事である七日正月、小正月、三月・五月・九月の節句、七夕等が含まれている。いかにも年中行事がムラとして行われることを示している。

下丹生の『年中行事録』や杣中の『八坂神社祭典及年中行事記録』はムラで公的に作成されたものである。このような帳面はしばしば他のムラでも見るが、より一般的にはムラの行事の執行の担当者とか責任者になったものが、行事を間違いなく行うために、前任者から教えて貰ったり、逆に次の担当者の参考のために作成した私的な覚書が存在する。近畿地方の村落において調査しているとしばしばムラの年中行事や祭礼についての個人的な覚書を見ることが多い。それらは単に記念のために書き記したというのでなく、あまりに行事の数が多く、また複雑なので、必要に迫られて書き記したものである。下丹生でも、ムラの神仏のお守りをする別当の役に就任すると、区長と共に多くの行事に列席するし、さらに別当のみで神仏の守護をする役割がある。それらを間違いなく行うためのメモがしばしば別当を勤めた人物のところには残されている。一九七八年、七九年に別当を勤めた人の覚書によれば、年間通して六六日もの予定が書かれている。これは『年中行事録』に規定されている行事日数よりも多い。それは毎月原則として一日、十六日、月末の三回の神仏への月参りがあるからである。滋賀県甲賀郡水口町北内貴では、十人衆がムラの年中行事の実質的な担当者であるが、その世話をするのは十人衆のなかの最年少の若役である。したがって若役は行事の月日を間違えたりや準備すべきものを怠ってはならない。そこでやはり覚書を作っている。そこには年間二三日の行事が記されているのである。

このような覚書や記録の作成は、ムラの年中行事がいかに多いかを示している。行事を担当し執行する人物は、特定の家とか人物に固定していない。一定の条件に適った人々（衆）が担当したり、役職（区長）が担当するのである。したがって、毎年行事は行われていても、一般の参加者として出ている人が、特定の期間や特定の年のみ執行の責任者になるのである。そのため、数多く、しかも複雑な行事を間違いなく執行することは大変困難である。特に近年のように、兼業化が進んで、日頃は村外に働きに出ている人物にとっては、ムラの行事を身体に覚え込んでいることはあまりない。文字で記したメモに頼ることは必然といえる。近畿地方の村落ではしばしばこのようなムラの年中行事を記載したメモに接することになるのである。

盆行事の東西

盆は日本においてはどこでも各家の行事である。自分の家の先祖たちの霊（精霊《しょうりょう》）を迎え、もてなし、そして送る儀礼が数日間にわたって展開する。年中行事のなかでも最も重要で、内容が豊かなものである。しかも、多くの年中行事は各地で廃絶や簡略化の方向を歩んでいるなかで、盆行事のみは必ずしもそうではない。相変わらず東京はじめ全国の都市部においても盛んに行事は行われている。それだけ、祖霊信仰が強固な存在であることを示している。

柳田国男は、この盆行事に代表される先祖祭祀を日本人の信仰の中核に置いて体系化した（『先祖の話』一九四六年）。日本人は死後肉体は消滅しても魂は永久に存続して、祖霊となり、すでに祖霊となっている上の世代の霊と融合して一つになって、子孫の暮らす土地の近くの山の上に留まり、そこから必要に応じて、また一年に数回子孫を訪れ、子孫と交流する。そして、子孫の生業を護り、発展させる。したがって、われわれの生活を加護してくれる日本の神の本質は実は祖霊であるという仮説を提示して、日本人の信仰体系の中心に祖霊を置いたのである。日本人の真の幸福はこの現世で欲求を満足させることではなく、死後永久に祖霊となって子孫と交流できることにある。もしも子孫がいなくなり、訪れることができなくなれば、それが最大の不幸であると考えてきたと主張した。日本人が家の永続を強く願うのもそのことに発していると位置づけた。このような柳田国男の主張では、先祖と子孫の関係はあくまでも個別的なものである。人々が「家永続の願い」に最大の価値を置くように、家を単位にして、家を紐帯《ちゆうたい》にして両者は結びついているのである。たしかに日本各地の盆行事その他の先祖祭祀は個別の家単位になされているのが一般的である。しかし、子細に見ると、その家を単位とした盆行事においてさえも西と東で相違が見られる。

まず東の盆行事のごく一般的な姿を見ておこう。すでに「番」村落の例として紹介した埼玉県和光市《わこうし》新倉《にいくら》のなかの上之郷《かみのごう》・半三池《はんざいけ》での盆行事である（和光市教育委員会上之郷・半三池歴史委員会編『上之郷・半三池・くらしのあゆみ』参照）。関東地方は多く八月の月遅れで盆を行っている。この和光市新倉でも同様に八月十三日から十五日が盆の期間である。まず十三日に各家では盆棚を作る。座敷に四斗樽《よんとだる》を置いて、その上に戸板を乗せ、その四隅に竹を四本立てる。戸板の上には盆ござを敷き、正面に十三仏や不動さん、そして注目すべきことに佐倉惣五郎の掛け軸を掛け、ござの上には仏壇から取り出してきた位牌を並べ、茄子《なす》、胡瓜《きゅうり》、トマト、南瓜《かぼちゃ》、果物等を供える。また胡瓜の馬、茄子の牛を飾り、盆花も飾る。これが古くからの盆棚であるが、近年は樽の上に戸板という形ではなく、折り畳み式の盆棚になっていたり、仏壇をそのまま盆棚にしている家が多い。そのようなものを含めて一九八八年現在で、この地の農家の八五％の家が盆棚作りを十三日にしている。

盆棚ができると、夕方に提灯《ちょうちん》をもって自分の家の墓地に仏様を迎えに行く。墓地では、墓碑の前で「御先祖様、おじいさん、おばあさん、どうもお待たせしました。この明かりでどうぞおいでになっておくんなさい」と言い、提灯に明かりを点けて、それをかかげて家まで案内してくる。家に到着すると、廊下に用意してある手桶と手拭《てぬぐ》いを示して、「この水で足を濯《すす》ぎなさってください」と言い、足を洗う真似《まね》をする。そして盆棚の所まで案内する。十四日、十五日は家に帰ってきた先祖たちをもてなす。各家で先祖に供える食事の内容は決まっている。白い御飯、おはぎ、うどん、饅頭《まんじゆう》等が日替わりで供えられる。十五日の夜に、先祖をまた墓地まで送っていく。提灯に明かりを灯し、それをかかげて墓地まで行き、「お粗末さまでした。この明かりでお休みなさってください」と言い、線香をあげ、また提灯をその場に置いてきたりする。このように、盆行事は完全に各家ごとの行事である。他の家と共同したり、ムラとして行事を行うことはない。これは関東地方はじめ東日本ではごく普通の有り方といえよう。

近畿地方の盆行事ももちろん各家が自分の家の先祖を迎え、もてなし、送る行事である。しかし、その各家の行事が共同したり合同することでムラの行事になっていることが少なくない。一例を滋賀県八日市《ようかいち》市寺町《してらちよう》の盆行事について見ておこう（三露俊男「八日市市寺町・村の年中行事」『滋賀県医師協同組合ニュース』一六四号参照）。

寺町は戸数が四〇軒ほどの小さな集落であるが、家々が密集してやはり近畿地方の村落である特色はよく具えている。ここも盆は八月に行われる。盆は八月七日の墓掃除から始まる。各家は自分の家のサンマイ（三昧）に行って掃除をし、午後にはムラの中心部にあるムラドウ（村堂）の境内にある石塔墓のソウハカ（惣墓）に全員が集まり、惣墓の掃除をする。十日にはソウハカマイリ（惣墓参り）といって、ムラの一同が線香《せんこう》・蠟燭《ろうそく》を持参して惣墓に参る。惣墓の中央正面にある大きな宝篋印塔《ほうきよういんとう》の前で僧侶が読経し供養する。この宝篋印塔のことを人々は特にソウバカサンと呼び、ムラ全体の供養塔となっている。またこの日には小学生、中学生の男女全員が村堂に集まり、精霊《しょうりょう》迎えと精霊送りに使用する松明《たいまつ》と墓地に飾る万灯を作る。このときに子供たちが作るのは中心部に楊の生木を立て、その周囲に麦から、柴を縄で括りつけた、それをさらに一二本の青竹で囲み藁縄で結わえる。その全長は約二メートル、直径は根本で一・五メートル、上端で六〇センチ程のものである。この松明は二本作られ、一本は精霊迎え用であり、残りの一本は精霊送り用である。また麻がらで小松明を作る。これは各家に配られ、精霊迎えの際に使用される。できた松明はムラの主要用水の愛知川《えちがわ》からの取水口である駒湯口に運ばれて立てられる。

八月十三日の昼になると、精霊迎えのドウコモリ（堂籠り）が始まる。子供たち全員が村堂に集まって籠もるもので、堂の内陣で最年長の男子が導師となって鉦《かね》太鼓を打ちならして念仏を唱え、灯明を守る。これを十四日の夜明けまで続ける。十四日の朝四時半に村堂の前にある惣太鼓が打ちならされる。その打ち方は、

神主三郎兵衛　　三郎兵衛は神主
〇〇〇〇〇〇　　〇〇〇〇〇〇

というものである。この音を聞くと各家の者は小松明と花を持って駒湯口に集合する。子供たちはその前にすでに駒湯口に集まっている。村人がみな集まると子供たちは大きな松明に火を点ける。それが燃え上がると、村人は合掌して拝み、小松明に火を移し、また蠟燭にも点火する。また子供たちは万灯に火を移してもらい、いずれもそれを手にして帰宅する。そして、自分の家の

仏壇の灯明に明かりを移すのである。家の主婦はぼたもちを供え、世帯主が導師になって拝む。それが終わると、精霊さんに朝食を出す。

十五日の早朝六時頃、各世帯主は仏壇の灯明の火を線香に移し、水はぎの花、樒《しきみ》の枝と寺に作ってもらった塔婆を持って駒湯口に集まる。主婦も仏壇に供えてあった供物を蓮《はす》の葉に包んで籠に入れて持っていく。これは「お精霊さんの弁当」だという。駒湯口に集まった世帯主たちは麻がらや竹で大きな筏《いかだ》を作り、そこに大松明を乗せる。そして、それを用水路に降ろし、松明に点火する。子供たちは水の中に入って筏を支える。そして下流へ流していく。女性たちは、用水路の脇に小石で塔を作り、線香や蠟燭を飾り、また「精霊さんの弁当」を供える。筏が動き出すと「精霊さんの弁当」を用水路に流す。そして見送る。子供たちは筏を隣のムラとの境まで流していき、そこで上に登り見送る。

これが寺町という近江湖東の一つのムラの盆行事であるが、その組立を見ると、個々の家の年中行事というよりもムラとしての盆行事という面が強いことが分かる。各家の先祖の霊である「精霊」はムラとして迎えられ、ムラとして送られる。現世の人々が村落に結集するのと同じように、先祖たちも村落に結集して他界との間を往復するのである。関東地方の村落に見られるような、終始個別の家の行事としての盆ではないことが、現世の秩序が他界の秩序にもなっていることを示している。

近畿地方の村落においては、このように盆の迎え火、送り火をムラとして行うことはごく一般的である。それに関連して思い出されるのは、京都の有名な大文字焼《だいもんじや》きである。毎年八月十六日の京都の大文字五山送り火は今では観光行事として知られるだけでなく、それを模倣した観光行事が他地方でも行われるほど有名になっている。しかし、現在でもそれは京都の町の人々の盆行事の一つであり、京都の家々に戻ってきた精霊を他界に送り返す集合的送り火である。その点では八日市市寺町の迎え火、送り火の行事と基本的に同じ性格のものなのである。したがって、京都の大文字焼きは、京都という都市が生み出した都市祭礼としての性格を帯びつつ、同時に近畿地方村落の特質とも密接に関係している。関東地方にはない、近畿地方であるが故に存在する盆行事といえよう。

農耕儀礼の東・西

さらにもう一つ関東地方と近畿地方の相違を示す民俗を検討しておこう。それは農耕儀礼である。日本の農業は基本的に小農経営と呼ばれるように、自己の家族の労働力を基幹労働力として個別に経営されてきた。したがって、毎年の豊作も各家単位で実現されねばならなかった。当然のことながら、秋の豊作を実現させるための農耕儀礼も家単位に執行されてきたと考えてよいであろう。ところが、この農耕儀礼の執行単位においても大きな地域差が見られるのである。

東日本の予祝儀礼

倉田一郎『農と民俗学』（一九四四年）の第一章は「予祝祭」と題して、主として正月に行われる各地の予祝儀礼《よしゆくぎれい》を扱っている。そこで倉田は予祝儀礼を大きく二つに分類している。一つはサツキ型ともいうべきもので、これは正月、特に小正月に庭とか田圃《たんぼ》で松葉とか柴、あるいは豆がらを挿して田植えの真似《まね》をして、無事に田植えができ、その後の稲の成長を確保しようとするものである。それを日本海側の各地でサツキと呼んでいる。もちろんサツキは五月のことで、田植え月あるいは田植えそのもののことであるが、その同じ名称で小正月の予祝儀礼も呼んでいるのである。それにたいして、モノツクリ型というべき儀礼がある。これはやはり小正月に行われるが、秋の豊作の様相を作りだすものである。餅花とか稲の花という地方もあるが、関東地方ではそれらはすべて個別的に各家で行われ、また作られる。

茨城県取手市域の事例を見ておこう。取手市域では、正月三日と十一日がイチクワ（一鍬）と呼ばれて、各家の世帯主が田畑へ出て、松の枝を挿す儀礼を行ってきた。三日が畑の一鍬で、十一日が田圃の一鍬である。畑の一鍬は、暮れの内にきれいに洗っておいた鍬と松の枝、オサゴウ（散米）を畑に持参して、鍬で土を掘り起こす。そのときに次のような唱え言を唱える。

一クワサックリコ
二クワサックリコ
三クワメノクワサキデ金銀茶釜を掘り出した。

掘った穴に松を立てて、輪飾りをかけて、オサゴウを撒いて、供える。田圃の一鍬の場合は鍬ではなく万能を用いるが、その方法は同じである（『取手市史』民俗編一、一八〇～一八二ページ）。

先に年中行事を紹介した群馬県勢多郡黒保根村水沼の星野家の「年中行事覚書」には、正月十一日に鍬立てという行事があることが記されている。松と幣束それにお神酒《みき》、柿、米、鰯《いわし》、を持って毎年決まった場所へ行って行うように指示されている。その具体的様相は、現行の民俗として知ることができる。同じ黒保根村の清水では、正月十一日の行事をクワダテ（鍬立て）とかサクタテとも言い、その日の朝、家の主人が自分の家に近い畑に出かけて、鍬の使い初めをして、サクガミ様をまつる。畑には長さ五メートルほどの畦《あぜ》を鍬で切り、そこに御幣と松を立て、ひとつまみの米あるいは麦と尾頭付きの田作を供え、持参した赤飯を少し食べて帰ってくる（東京女子大学民俗調査団『黒保根村清水の民俗』七一ページ）。

近畿地方の予祝儀礼

近畿地方の農村を正月過ぎに歩いていると、田圃の水口の所に竹や笹の枝に差してお札が立てられているのをよく見掛ける。その札には黒い印判が押されていたり、墨で祈禱文が書かれたりする。白い紙を下げた御幣のようなものもあるが、多いのは印判を押したものである。これをゴガミとかゴオウと言う。牛玉宝印のことである。この半紙に印判を捺すのはムラの大きな行事である。福井県大飯郡大飯町《おおいぐんおおいちょう》の若狭大島の各ムラでは、正月にオコナイが行われるが、その行事に出席参加するのは、オモと呼ばれるムラの中の特定の家々の人である。オコナイは二つの大きな仕事をする。一つは勧請縄をなって、ムラの入口に吊るすことであり、もう一つは半紙に印判を捺して、竹串に挿して、それを各家に配ることである。この竹串に挿された半紙はゴガミと呼ばれて、各家では正月の十一日に自分の家の田圃に

図46　若狭大島の勧請縄（福井県大飯郡大飯町大島）

図47　オコナイでのゴガミ（牛紙）の製作（福井県大飯郡大飯町大島）

図49　ビニールハウスの入り口に立てられた榊（滋賀県甲賀郡水口町北内貴）

図48　田に立てられた牛玉宝印（和歌山県橋本市中道）

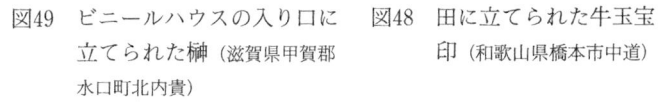

持参して、水口に立ててくる。滋賀県の水口町北内貴《きたないき》では、正月十一日にかつては各家の苗代の水口に、現在は苗を育てるビニールハウスの入り口に榊《さかき》の枝を立てる。これをツクリゾメ（作り初め）という。これは前日のハナノトウに十人衆が氏神に集まって神前で祈願したものである。これは牛玉宝印が明治以降に榊に変化したものである。これらの儀礼はすなわち、正月の予祝儀礼なのであり、東日本では各家で用意した松や御幣を立てていることに対応している。

農業生産は各家で経営され、生産が行われる。その点では近畿地方も個別的な農家経営である。したがって、その秋の豊作を確保するための予祝儀礼も各家ごとに行われている。その点では東西とも同じといえよう。ところが、東ではすべてが個別の家で行われるのにたいして、西では個別の家の予祝儀礼がムラの年頭行事と深く結びついており、ムラによって各家の豊作も保証されることを示している。

宮本常一の東西対比

民俗全般についての東西の対比はすでに宮本常一によって行われている（宮本常一「常民の生活」『東日本と西日本』所収）。たとえば、社会組織における東の親方、西の年寄、相続における東の長子相続、西の末子相続、結合様式における東の党、西の一揆をあげ、生活の面では住居では東のイロリ、西のカマド、家畜の東の馬に西の牛、運搬具の東の背負《しょ》い子、西の天秤棒《てんびんぼう》、そして衣類で東のハカマにたいし西のフンドシ、さらに東の湯、西の風呂というように、具体的に示している。ただ、その対比は印象的なものであり、また古い段階を想定してのものであり、必ずしも現在の民俗の地域差が明確に示せるわけではない。しかし、多くの民俗について東西で大きな相違があり、対比できる可能性を教えてくれた。ここで紹介した年中行事や農耕儀礼の東西の対比は主として、社会組織としての「番」と「衆」に対応している相違として把握したのであるが、その視点からも、社会に関する親方と年寄、党と一揆などは了解できるものといえよう。民俗の東西の相違は、民俗ごとに東西の範囲やその境界は異なっており、一つの組み合わせで明確に境界が示せるわけではない。しかし、関東地方と近畿地方という二つの地域を取り上げて対比すれば、そこには明らかにはっきりとした相違が発見できる。

歴史のなかの東・西

惣村の展開と「衆」

前章までで見てきたように、日本の中央部において東西の対比が明確にできる。それを整理して一覧にしたものが次の表4である。このような東西の相違は歴史的にはどのような条件の下に形成されてきたのであろうか。当然のことながら検討されなければならない大問題である。「番」と「衆」に象徴される現在の民俗に見られる東西の相違が近代になって形成されたものではないことは明らかである。江戸時代の民俗の相違として存在したことは集落景観、村落組織、年中行事など、どれを取り上げても確認できることである。

惣村の展開と「衆」

社会組織の編成方式に「番」と「衆」という東西の相違があることはすでに近世に成立していた。事例として示した村落では、「衆」組織が近世成立期にはすでに存在したことが文字資料の残存によって確認できる。「衆」の組織に関連する記事が天正、慶長、寛永という年号をもった

表4　東のムラ・西のムラの対比

指標		東のムラ	西のムラ
景観	印象	緑（青い）	黒（白い）
	集落形態	小村	集村
	集落規模	小さい（戸数少ない）	大きい（戸数多い）
	屋敷	明確（屋敷林，垣根，門等が存在）→個別屋敷の強調	不明確（垣根，塀，屋敷林等なし）→集落の一体性顕著
	庭	大きい	小さい
	家屋	相対的に大きい	相対的に小さい
	屋敷の神	屋敷神あり	屋敷神なし
	墓地	屋敷墓	共同墓地
社会	村落組織	「番」組織（月番，年番，当番，水番） 「衆」の欠如	「衆」組織（長老衆，十人衆，若衆） 下部組織として「番」
	編成単位	家（家の並び順）	家と個人（出生順，経験順）・定員制
	運営原則	責任制	合議制
民俗	年中行事	家としての年中行事が基本	村落としての年中行事中心
	農耕儀礼	家単位の農耕儀礼	村落としての農耕儀礼
	苗代	家として設定・管理	村落として設定・管理
社会性		家を強調	村落を強調

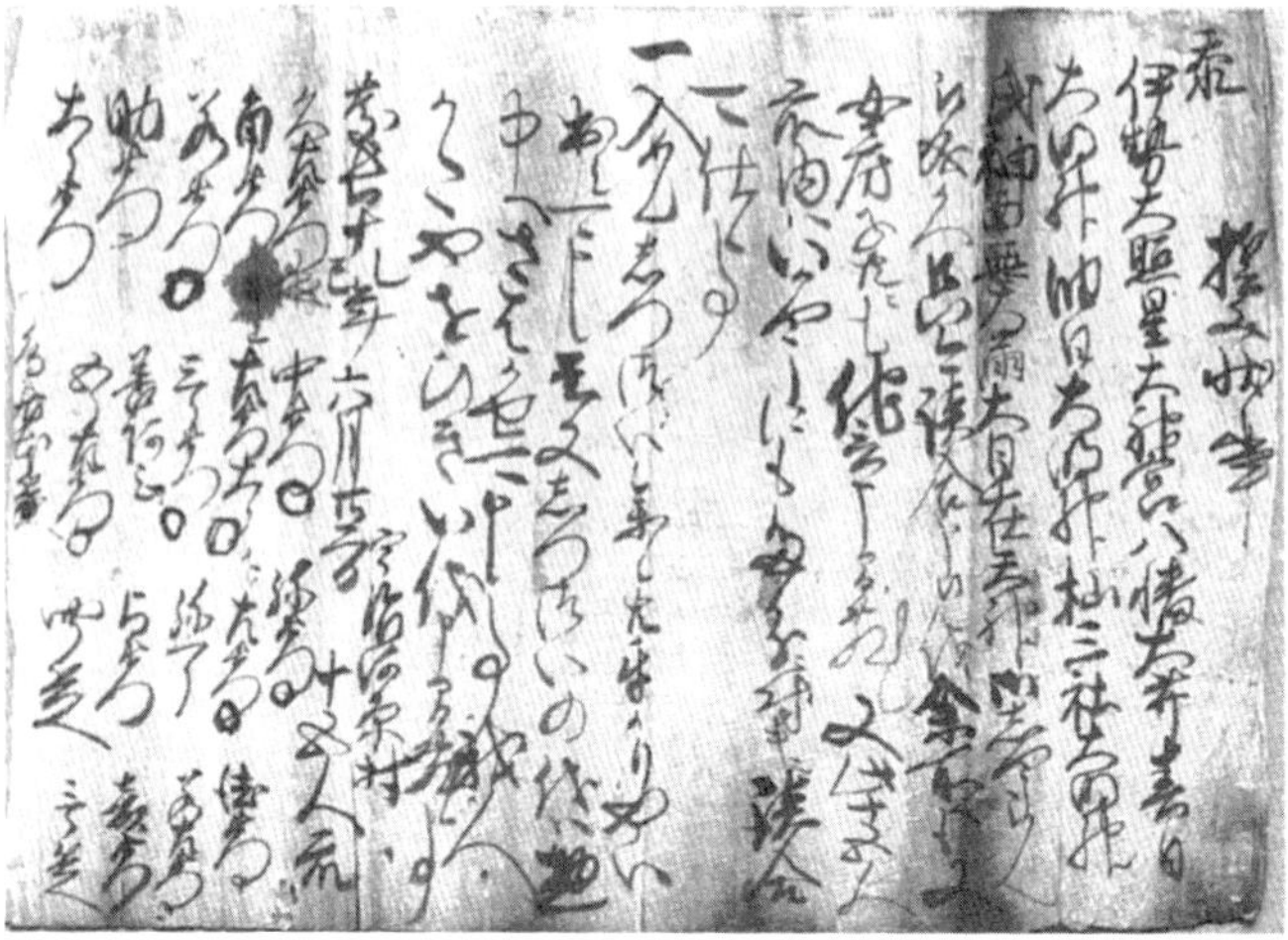

図50　宇川の十五人衆誓文（滋賀県甲賀郡水口町宇川共有文書）

文書として多く残されている。近江甲賀郡宇《う》治《じ》川原《かわら》村すなわち現在の水口町宇川には有名な一七世紀初頭の鉄火《てっか》裁判に関する文書を残すが、それだけでなくさまざまな注目すべき文書が含まれている。その一つに慶長十年（一六〇五）六月に「十五人衆」として他言無用や多数決を決めた誓約文書がある。

そうであれば、日本歴史上の知識を多く持っている人の頭には、中世後期、すなわち南北朝から戦国時代にかけて展開した惣村との関連が浮かんでくるであろう。教科書的な記述に従えば、荘園制の解体過程で、百姓たちの自立が進み、その百姓たちが自らの組織を作り、そこに結集して、時には荘園領主と対抗し、また時には守護大名に代表される武士たちに抵抗して、独立性を獲得し、自治的な世界を形成した。その組織を自ら全体を指し示す惣《そう》という言葉で呼び、惣の下に結集して団結した。その象徴が惣の掟《おきて》であり、宮座である。このような惣村は近畿地方に発達したものであり、関東地方などには見られなかったとされる。「衆」の組織が惣村の組織であるといっても間違いないであろう。

近畿地方を中心にした惣村の編成の方式に「衆」の原理が見られるといってよいであろう。そのことはまた、惣村の成立過程が集村化が進んだ時期であるという指摘があることによっても対応することになる（水野章二「中世の開発と村落」『歴史学研究』第六五九号）。近畿地方に見られる家々が密集した集村の景観は超時代的なものではなく、中世にそれまでの集落を変化させて屋敷が集合するようになってきた結果であるという。

郷は「番」

近畿地方の村落が中世に集村化するとともに、「衆」組織を形成した。それにたいして、関東地方では「在家一宇」の形で示される家＝屋敷の原理が中世を通じて存在したものと推測される。村落生活や村落組織を自ら表現する中世の文字資料が関東地方には少ない。近世の検地帳、名寄帳その他の支配文書を操作して、支配単位としての村の構成員を確認しつつ、時代をさかのぼっていくと、近世成立期にはついに特定の数軒の家に収斂《しゅうれん》してしまい、村落として結集していた様相は把握できなくなってしまうことが多い。中世には、そのような土豪百姓あるいは小領主ともいうべき家が存在し、より広域的な単位で連合していたものと推測できる。恐らく、それが関東地方でしばしば表記される「郷」であった。惣と郷の相違が「衆」と「番」であった。

中世の惣村の展開した近畿地方に「衆」、郷を単位とした地域連合の展開した関東地方に「番」ということは言えるであろう。しかし、それは決して先進地域、後進地域という尺度で解釈できないであろう。中世以降現在まで一貫してその相違が対比的に存在するからである。そして、また惣村と共に形成された相違でもないことに気づく。惣村の内部秩序として示された人々が一座する秩序は、平安時代にすでに存在した。黒田俊雄は、中世の近畿地方村落について、その特質を「座的構造」と把握した。それは平安時代後期に成立してきたもので、その前提は土地保有農民としての名主と小百姓が成立し、用水はじめ祭祀や信仰を共同するようになってきたことである。座的構造については支配・被支配の観点が強烈に出されているが、それのみで理解せず、座の特質として「座衆の結合の自主性」を認め、「座衆自身に座配をきめる理由がありまたその統率管理の権利をもっている」点に重要性を認めている（黒田俊雄「中世の村落と座」一九五九年、および「村落共同体の中世的特質」一九六一年、いずれも『黒田俊雄著作集』第六巻に再録）。これは「衆」についての理解と共通する点があると言えよう。「衆」と「番」は古代にまでさかのぼる相違であると言えそうである。

日本列島の東西の相違は、今までも多くの人々が指摘し、主張してきたように、縄文時代までさかのぼる。晩期の縄文式土器は、東が亀ヶ岡式土器、西が突帯文土器に集約され、前者は動物性食料の調達と調理のための道具が発達し、漁撈、狩猟、採集の社会であったことを示し、後者は植物性食料の調達と調理のための道具を発達させ、半栽培食料の利用が盛んな社会であったと理解できるという（佐々木高明『日本史誕生』）。縄文時代に続く弥生時代について、住居址の発掘例から判断すると、東西で建築技術、住居の利用方式に明確な相違が見られることが指摘されている。東日本の住居は柱を左右対称的に並列させる対称構造であり、炉はその中央部の奥に配置され、西日本の住居は内部の中心点から等しい長さのところ、すなわち同心円的に柱が配置され、その中心部に炉が設けられていた。この相違は古墳時代後期の竈《かまど》の普及まで存続したという（都出比呂志「弥生時代住居の東と西」）。住居址の東西の相違は居住空間の利用方法の違いを示唆しており、家族のあり方の相違を予想させる。

これらは「番」と「衆」それ自体ではないかもしれないが、社会の編成方式の相違は遠い過去からの東西の相違が前提にあるものと推測してよい。そうであれば、それは必然的に日本列島における人々の定住過程まで論は展開する。ここではその可能性の予想のみにして、今後の学際的な研究の進展に結論を委ねることにしたい。ただ、悠久の昔から「番」と「衆」の対立がそのままあったのではなく、それぞれの地域での歴史的展開過程が特に中世から近世にかけての時期にこのような対比可能な姿を作り出したと理解すべきことを主張したい。

東西の境界

境界と変動

このような違いが歴史的に古くからはっきりとあるとすれば、当然ながらその東西の境界が問題になってくるであろう。前に紹介したように、加藤咄堂が東西の相違を対比的に把握し、その東西の境を浜名湖辺りに求め、静岡県は東、愛知県は西としながらも、愛知県のうち三河は東の色が濃いことを指摘していた。明確な一線としては引けないことに気づいていたといえよう。日本語方言の東西区画論は古くは明治時代から行われてきたが、その東西の境界はいくつもの線になっている。日本の中央山岳地帯ではほぼ信濃と飛驒の国境を境にしているが、それが太平洋岸に近づくと、扇のように、末広がりの境界線となることはよく知られている。天竜川、浜名湖、矢作川、木曾川、長良川などが境界線となる。したがって、方言の東西は一本の明確な線ではなく、しだいに変化して行く幅広い帯のようなものである。そして、時間の経過のなかで揺れ動く。

集落景観とその内部秩序の相違に示された東西の相違も同じである。静岡県内は景観の上では明らかに東である。伊豆《いず》でも、駿河《するが》でも、さらには遠江《とおとうみ》でも屋敷は屋敷林や垣根・塀で囲まれ、その個別性を強調しているし、また屋敷墓は顕著に存在する。遠江の西部山間部では必ずのように屋敷の隅には立派な墓石を建立しているし、古くは屋敷内に遺体を埋葬したことを伝えている。また、地の神を主流とする駿河、遠江、稲荷《いなり》が顕著な伊豆というように分かれるが、屋敷神は静岡県内であればどこでもまつられている。これらの特色はいずれも関東地方から抽出した東の特色である。間違いなく静岡県は全域東の社会ということになろう。そして、景観上でだけ東なのではなく、その内部秩序においても明らかに東である。家を単位にし、家の順番でものごとは処理され、村落は運営されている。静岡県全域で「番」組織が強固な存在となっている。少なくとも今日の民俗としてはこのようにいえる。

景観上の同様の特徴は静岡県の西側の愛知県でも見られる。愛知県のうち三河《みかわ》がほぼ同様の姿をしている。屋敷の周囲には樹木が多く、その個別性は明確である。遠江と三河では大きな相違がないといってよいであろう。ところが、尾張《おわり》に入ると様相は大きく異なってくる。家々は密集し、個々の家は垣根や塀であまり囲むこともしないし、屋敷林もない。その景観は尾張から伊《い》勢《せ》へと連続しているし、また美濃《みの》から近江《おうみ》へと続いている。集落景観に示された東西は愛知県の中央部、古い国名でいえば三河と尾張の辺りにその境界線があったといってよいであろう。

遠州三ヶ日の「加藤寅蔵覚書」

前に年中行事について述べたときに家の年中行事の例としてその記録を紹介した静岡県西部の三ヶ日町平山の加藤寅蔵さんは「加藤寅蔵覚書」という注目すべき内容を含んだノートを残している（『静岡県史』民俗三所収）。これは加藤さんが平山というムラとそこに住む家々について自分自身の見聞を晩年にメモ書きしたものであるが、そこに次のような一文がある。

○家売祭りの事

世間ノ人ハ平山ノ家売リ祭ト云フガ、ソウデハナイ、家スジ祭デアル、昔シ何ノ時代ニ始マリシカ加藤家、森田家、金子家、樋田家、鈴木家ガ一ダン体トナリ各モローウト仲間トシヨウシ、八王神社ヲ守ゴシテ居リシモノ、磯田家、藤田家、山口家ハ昔シ何カ古障アリシモノト見へ、此組ハクジバラ組ト申テ八王神守ゴニハジョ外セラレ居リシモノ、モロート仲間ハ八王神境内ノ山ノ神様ノ祭リヲ十一月六、七二日間執行シタモノ、ソノ祭リノ法々（ママ）ハ第一親子兄弟席ニ付クニ、ナラビ例（ママ）席セザル様左座ト右座トニワケ着席スル事ニシテ、仲間中最年長者第一ノ上座ニスワリ以下年長者ヨリ着セキスル（此席タケハ庄屋デモ役人デモ年長者ニ限ル）ヲ常例トスル、最年長者左ニテ二人、右ニテ二人、計四人ヲ年寄役トシ、年中平山全神社ノ守リヲスル役デアリ、四人ノ内一人死去スレバ席ノ年長者ガ後任トナル例ニテ

（左死亡ハ左、右死亡ハ右ニテ）、此四人ニハ年寄ノ手当トシテ村カラ年ニ米八斗ダカ手当アリシモノデアル、第二ハ十一月ノ家祭リノ当番ハ年長者ソノ当番ニ当ル、一人ニテ一代ニ一度ノ祭リ、費用ハ当番持ニテ村中男ハ全部老若共小供トヲ召キ（一般ノ招待ハ七日）モロートハ六日ヨリ召待シテ酒飯供シタノデアル、膳部ノ仕度ハ七日ノモロートノ本膳ハ平ニツケ子芋ノ下盛大アケ一枚、坪ニハ大根ニンジンスゴ六切チヤツニすあへ計ノゴチソウデアル、酒ハノミガケ

（静岡県『静岡県史』資料編二五「民俗三」、一〇八二〜八三ページ）

この文章によれば、平山の八王神社の祭礼に際しては特定の家筋の者のみが列席したが、祭りの席は右座、左座という左右の座に分かれ、年長順に座った。そして、それぞれの最年長者二人ずつ計四人が年寄役と称して、祭礼執行の責任者であったという。また列席する家筋の者は姓別に、それぞれをモローウト仲間と呼んでいたという重要な事実も記録していた。

まず第一に注目すべきことは、長老の権威である。この平山の覚書を読んでから浜名湖周辺の祭りを見ると、いくつかの注目すべき事例が発見できる。たとえば、平山にもそれがある。平山のうちの奥山と呼ばれる地域の役職の一つとしてネギサマ（禰宜様）というのがある。これは一人で、奥山の各種の役職をやり終えたインキョサマのような人が就任する。すなわち年長者である。任期は四年でほぼ年齢順である。ネギサマは奥山のお堂の維持管理をするのが主要な役割で

ある。正月や盆のお堂のお飾りをするとか愛宕神社、秋葉神社あるいは馬頭観音に注連縄《しめなわ》を飾ったり、コウバナを供えたりする。また、同じ三ヶ日町の津々崎にはネギバン（禰宜番）という制度がある。これはムラの老人が年齢順に就任して、一年間氏神の鍵をオカゲサマと称して家に預かり、また一年間氏神の世話をし、神主の代理を勤めるものである。古くはソウヨビと言って、村人を祭礼のときに招待してご馳走をし、また十二月の獅子神の祭礼には、各家から米を集め、それで黄粉《きなこ》ぼた餅を作って、子供たちに二個ずつ与えた。このように見てくると、今では断片化しているが、かつては年齢秩序による祭祀組織があったことを推測させる。

西遠地方の宮座の多くは特定の家筋の者が超世代的に祭祀を独占するものであるが、内部秩序としては列席者の年齢順に上位から一定数の者が中心的な役割を担うものであった。このような方式で宮座が組織されているのはほとんど近畿地方に限られている。すでに「衆」組織として紹介したように、近畿地方では、神社の祭りに際して神前に一座するのは一定数の者で、しかも年齢順あるいは儀礼終了順に座を占める。原則として祭祀組織は定員制の組織である。そして、多くの場合、毎年一人あるいは二人ずつ年齢の上の者から脱退していく。そのことによって、毎年内部の席次が上がっていき、その欠員となった末席を埋めるために新しい加入者が認められる。これが近畿地方で普通に見られる宮座の組織であり、内部秩序としての長老制である。

「加藤寅蔵覚書」が教えてくれる第二の特色はモロート仲間という名称の組織があったことで

ある。モロートは従来から知られているモロト（諸頭）と同じであろう。モロトは諸頭、諸人、室人などと記されることが多く、近畿地方では広く使用されている祭祀組織を示す言葉である。先に滋賀県伊香郡余呉町下丹生の「衆」組織もモロトシュウと呼ばれることを紹介した。モロトの原義はムラウドすなわち村人であったと考えられている。中世には、ムラの成員がムラウドすなわちモロトであった。ところが後に、モロトが新しい居住者にたいして特権的な存在となって、祭祀組織の上で独占的な地位を世襲する人々の意味になったり、あるいは神前に列座する宮座の成員の意味になったものと解釈できる（萩原龍夫『中世祭祀組織の研究』）。現在の祭祀組織においてもモロトという言葉は使用されるが、また文書にもしばしば登場する。しかし、それが使用されたり、記録されたりした地域は近畿地方とその周辺に限られていた。東では尾張、三河までであった。尾張、三河でも諸頭が記録された文書が残されているのはごくわずかである。その最も東の例として知られているのは、豊川市財賀《ざいか》町《ちょう》にある財賀《ざいが》寺の元禄九年（一六九六）の田植唄帳の奥書に「財賀寺村もろと惣人ゆうこと」とあるものである。そして、従来はそれより東の静岡県ではモロトあるいはそれに関連する用語は知られていなかった。三ヶ日町平山の加藤寅蔵さんは意識しないままに貴重な証言を残してくれていたのである。

モロトの用例

　そこで改めて静岡県内でのモロトあるいは類似の用語の用例を探してみると、断片的ではあるが、用例が西遠地方にはいくつもあることが分かってきた。たとえば、近世に書かれた引佐《いなさ》町《ちょう》狩宿《かりしゅく》の「峰埜《みねの》家由緒記」（『引佐町史料』第四集所収、一九七三年）にモロトが出てくる。家の由緒を説明するのものとして慶長十八年（一六一三）の氏神棟札を写しているが、その棟札に「モロト七拾五人」と記されているのである。この棟札は六所神社に現存しており、それを判読するとその部分は「茂老与七拾五人」と記されている。古くはモロウトと呼ばれ、由緒記が作られた頃にはモロトと言うようになっていたことを窺わせる記載である。このように見てくると、浜名湖周辺地方に広範にモロトという組織がかつてはあったものと判断できる。

モロトは、中世の村人から転化したものであるという。それを前提にして改めて史料を検討してみると、モロトに対応する記載が各所に発見できる。平山の八王社に残されている天正十二年（一五八四）の棟札には「信心村人等」と書かれ、また「村人年寄」として人名が記載されている。この信心村人という書き方は平山では盛んに行われており、近世の中期にまで及ぶ。それが後には氏子という記載に変化する。三ヶ日町岡本の寛永五年（一六二八）の棟札にも「大檀主惣郷村人等」とあるが、この村人もモロトの意味である可能性は大きい。そして、三ヶ日町津々崎の白山神社の天文二十一年（一五五二）の棟札には、「信心村人等　三十五人敬白」とあり、その裏面には「津々崎村時之村人仁数之事三五人衆三ケ年間毎月朔日以三文懸ケ造立者也」とある。ここに記された三五人の村人とは、後にモロトと呼ばれることになる村落の中心的な構成員だったものと思われる。

村人からモロトへの変化の過程を示唆しているのが、古くから宮座のある神社として知られている雄踏町《ゆうとうちょう》宇布見《うぶみ》の息《おき》神社の田遊《たあそび》に歌われる「神楽歌《かぐらうた》」の詞章である。そこには繰り返し「七人のけん子、八人の八乙女、人々百姓むらう人に至るまで」と出てくる。この「むらう人」は人を「ひと」と読むのではなく、恐らく「ど」と読み、ムラウドといったものと思われる。それが後にモロウトとかモロトに変化したと推測でき、多くの「村人」記載とともに重要な史料である。

静岡県内には一定の資格を有する氏子が神前に一座する宮座組織は多くはないが各地に見られる。特に遠江でも西部に多いことはすでに示した通りである。しかも「座持」とか「宮座」と明確に表現されている所も少なくない。宮座の原義は座席の座であるという説があるように、神前に座席を占めて祭祀を行うものであるが、それを名称に示している地方はそれほど多くない。ところが、西遠地方では組織の名称に「座」が付けられているのである。遠江東部になると宮座と把握できる祭祀組織は少ない。

揺れ動く境界

現時点での東西の境界は三河と尾張の境辺りにあるといってよいが、時間を遡《さかのぼ》ったときにはどうなるであろうか。東西の境界は固定したものではない。ここに紹介したように、三ヶ日町平山の「加藤寅蔵覚書」は、少なくとも明治初年まではモロート仲間という組織があり、その祭祀には左右の座に分かれて年齢順にすわり、その最上位の者が年寄として祭祀の中心になっていたことを明らかにしてくれていた。それは近畿地方の祭祀組織とまったく同じものと言える。三ヶ日町平山の祭祀組織は「衆」村落の原理が働いていることを示している。そして、遠州の各地にモロトという名称の祭祀組織があったことが推測されるし、さらに近世前期までさかのぼれば「村人」という表現で行われていたことが分かってきた。モロトの原義をよく伝えている資料ということになる。したがって、村人から諸頭への変化が西遠地方でも確認できるのである。この変化は中世から近世にかけて近畿地方で展開したことと同じ歴史過程が遠江でもあったことを示している。

西遠地方は、集落景観から判断すれば、歴史の長い過程では駿河や伊豆と同様に東の姿を維持してきたのであるが、近世成立期にはその外見を変化させることなく、近畿地方と同じ社会組織を形成しつつあった。現在はそれを直接維持している所はなく、過去の文書や記録に残され、それを参照した時にその面影として解釈できる事例が幾つかあるのみである。近世の確立以降の歴史過程は西遠地方から長老制の「衆」組織、モロト組織をしだいに消していった。そして、家を単位にした「番」組織を一般的な存在にした。宮座もすべて家を単位にして超世代的に世襲する特権的祭祀組織となり、年齢や経験という個人の獲得するものが宮座組織の原理ではなくなった。いわば東風が西風を圧倒したのである。特に明治に入ってからいっそうの加速度を加えて進行した。これは明治国家の家制度のもとでの地域社会の変化を意味している。加藤家の『家族心得』に記録された年中行事は家中心の秩序をはっきりと示している。三ヶ日町平山の加藤寅蔵さんは奇《く》しくも、中世・近世から明治初年までの「衆」の存在と、明治中期以降の家中心の秩序を体験した人物であった。そのことが文字に記して残すことになったものであろう。

東西の境界は、決して固定した一本の線ではなく、東西の力の駆け引きのなかで揺れ動く幅広い帯状の地域として存在するといえよう。静岡県は東海地方として東は相模湾《さがみわん》沿岸から西は伊勢湾沿岸にいたる広い地域の中央部にあって、東側からの東西の接点としての姿を示してきた。そして、かつては西の風が強くなって、一時は静岡県西部の遠江は西の社会として組み込まれつつあった。しかし、完成しないうちに、再び東風が圧倒し、遠江全域を席巻したのである。

東京と大阪

都市風俗の東・西

日本の中心部を東西に分けて、その相違を論じる議論は少なくない。東と西、東国と西国、関東と関西など大きく把握して、その相違を対比させるものもあれば、江戸と上方、東京と大阪、東京と京都などというように特定の限定的な地域で対比するものも多い。特に後者は若者向けのファッション雑誌、あるいは女性週刊誌がファッションの違いとして特集を組むことが年に数回は見られる。そして、近年は特に大阪を主題とした書籍が多く刊行されていて、大阪が東京とは大きく異なる独自の文化をもつ都市であることを強調する。それらが取り上げて対比している東西の相違は、本書のはじめに紹介したような食事・食物の相違に加えて、女性の服装の地味な東と派手な西、あるいは若い女性たちの薄い化粧の東と濃い化粧の西、横断歩道で信号待ちをするときに信号の変化を待って歩き出す東と緑になる前から車道に出て歩き出す西、あるいはターミナル駅において電車を待つときに整列乗車を電車のドアに入るまで守る東とたとえ整列をしていても電車が到着した途端に我勝ちにドアに向かう西、政治や行政にたいして従順な東・自主性を主張する西、さらには暴走族にもその傾向が見られるという集団主義の東・個人主義の西まで、人々の姿や行動様式に見られる相違を強調している。

これらは単なる風俗的な現象であり、根の深いものではないと多くの人は理解し、その相違も現象的な違いとして、それ以上に追求することはあまりない。しかし、それらに共通してみられるのは、東では個人を強調することが弱いことである。集団としての秩序、序列が現代の都市社会でも重んじられ、個人が目立つようなことはできるだけしないという原則が働いて、服装や持ち物さらには化粧に示されている。それにたいして、西では個人を強調する、言い換えれば自己顕示が強い社会といえる。服装や持ち物に示されるファッションはそれを表現している。そして、横断歩道で、プラットホームの整列乗車で示される我勝ちの行動に個人中心の考えが表現されている。東が秩序の社会であるのにたいして、西は我勝ちの社会といえよう。

これまで見てきたような東西の村落社会の組織・制度の相違、そしてそれに対応する景観の相違を知れば、このような東西のファッションや人々の行動様式の相違が単なる風俗的な一時的現象ではなく、歴史的に蓄積された背景をもつものであることが予想されてくる。第二次大戦後の東京と大阪の相違が作り出した相違というような短時間の問題ではなく、古くから蓄積された社会の基礎構造がもたらした現代の相違と言えそうである。

秩序と我勝ち

今まで見てきたところによると、東は家を単位にし、家本位に村落社会が編成されているのにたいして、西は個人を単位にして、個人間の秩序が村落編成の基本となっていることを指摘してきた。それは、東が秩序派で、西は無秩序であることを意味しないものであった。西の村落社会にも厳しい秩序があった。むしろ年齢、経験年数等によって明確に作られた秩序があり、そのもとで運営されるのが「衆」原理であった。東のみが整然とした秩序があるのではなかった。東西それぞれ確立した秩序があったが、その秩序の基本的な単位や原理が異なったというべきなのである。

それと現代の特に西に見られる我勝ちともいうべきあり方はどのように関連しているのであろうか。現代の東西の都市社会に見られる人々の行動様式の相違は、村落社会で培《つちか》われてきた文化の相違そのものが露《あらわ》な形で示されているのではない。むしろ、その伝統的な村落社会の秩序が壊れる過程で顕在化してきた相違と言うべきであろう。すなわち、村落という規範、規制の外枠が壊れてくる過程で、その単位となっていたものが直接開放されるかたちで姿を示すようになったのである。それが東の家であり、西の個人である。東ではいとも簡単に旧来からの年中行事や祭礼が改廃されてしまうことが多い。行事の日取りもそれまでの月日にこだわらずに、日曜日や祝日に変えてしまう。家を単位としてきた年中行事は、それぞれの家の都合《つごう》で止めてしまう。このような家の個別的な判断や利害によって民俗の改廃が行われ、民俗の衰退という現象を引き起こしている。それにたいして、西ではムラの規制が弱まるにつれて個人があらわに登場してきた。それが我勝ちの秩序である。個人の年齢、経験年数によって秩序が作られていたことは、個人の条件で社会の秩序が決まってくるのであり、その社会の枠組みが解体してくると、その個人の条件のみが強調されることになる。他人よりも先に出なければならないという気持ちのみが強められる。

参考文献

青木美智男編『日本の近世』第一七巻「東と西・江戸と上方」（一九九四年、中央公論社）
網野善彦『東と西の語る日本歴史』（一九八二年、そしえて）
網野善彦『日本論の視座』（一九九〇年、小学館）
池田昭「宮座の変貌過程（中間報告二）」（『社会と伝承』第八巻第二号、一九六四年）
伊勢崎市『三和町の民俗』（一九八一年）
磯田進「村落構造の二つの型」（『法社会学』第一号、一九五一年）
上野和男『日本民俗社会の基礎構造』（一九九二年、ぎょうせい）
江守五夫「本邦の《一時的訪婚》慣行の発生に関する社会構造論的考察」（『社会科学研究』第八巻第二、五〜六号、一九五六〜五七年）
大野晋・宮本常一ほか『東日本と西日本』（一九八一年、日本エディタースクール出版部）
大林太良『東と西　海と山』（一九九〇年、小学館）
岡正雄他『日本文化の起源』（一九五八年、平凡社）
岡正雄『異人その他』（一九七九年、言叢社）
加藤咄堂『日本風俗志』（全三巻、一九一七〜一八年、大鐙閣・新修養社）
蒲生正男『日本人の生活構造序説』（一九六〇年、誠信書房）

蒲生正男「日本のイエとムラ」(『世界の民族』第一二巻所収、一九七九年、平凡社)
九学会連合「共同課題・日本の地域性」(『人類科学』第一五集、一九六三年)
九学会連合「共同課題・日本の地域性(続)」(『人類科学』第一六集、一九六四年)
近畿産業活性化懇談会『東から西へ・多極化を先導する近畿』(一九八九年、通商産業調査会)
倉田一郎『農と民俗学』(一九四四年、生活社)
倉田松三『ふる里北内貴』(一九八五年)
黒田俊雄『黒田俊雄著作集』第六巻「中世共同体論・身分制論」(一九九五年、法蔵館)
今和次郎『日本の民家』(一九五四年、岩波文庫版 一九八九年)
佐々木高明『日本史誕生』集英社版日本の歴史1(一九九一年、集英社)
佐々木高明『日本文化の基層を探る』(一九九三年、日本放送出版協会)
静岡県『静岡県史』資料編二五・民俗三(一九九一年)
鈴木秀夫・窪幸夫『日本の食生活』(一九八〇年、朝倉書店)
住谷一彦『共同体の史的構造論』(一九六三年、有斐閣)
住谷一彦『歴史民族学ノート』(一九八三年、未来社)
関沢まゆみ「村落運営と長老衆」(『日本民俗学』一六八号、一九八六年)
関沢まゆみ「『村の年齢』をさずける者」(『日本民俗学』一七四号、一九八八年)
関沢まゆみ「寄合における長老の意義」(『日本民俗学』一八八号、一九九一年)
竹本康博『湖北下丹生の社会と民俗』(一九八八年)

田辺昇一『関西商法』（一九六六年、新潮文庫版 一九八五年）
玉井哲雄「江戸の町屋・京の町屋」（『列島の文化史』第一号、一九八四年）
都出比呂志「弥生時代住居の東と西」（大阪大学文学部『共同研究論集』第三輯、一九八六年）
坪井洋文『イモと日本人―民俗文化論の課題』（一九七九年、未来社）
東京女子大学民俗調査団『黒保根村清水の民俗』（一九八三年）
東京女子大学民俗調査団『紀北四郷の民俗』（一九八五年）
徳川宗賢『日本語の世界』第八巻「言葉・西と東」（一九八一年、中央公論社）
栃木県『栃木県史・史料編近世三』（一九七三年）
取手市史編さん委員会編『取手市史』民俗編一（一九八〇年）
特集「日本の東と西」（『国文学解釈と鑑賞』第三三三号、一九六三年）
萩原龍夫『中世祭祀組織の研究』（一九六二年、吉川弘文館）
浜田賢『下鶴間の史話続編』（一九九四年）
原田敏丸『近世村落の経済と社会』（一九八三年、山川出版社）
福田アジオ「民俗の母体としてムラ」（『日本民俗文化大系』第八巻、一九八四年、小学館）
福田アジオ編『甲賀貴生川の社会と民俗』（一九八七年）
福田アジオ「支配の村と生活のムラ」（『週刊朝日百科日本の歴史』第八六号、一九八七年、朝日新聞社）
福田アジオ「ムラの行事・家の行事にみる西と東」（『週刊朝日百科日本の歴史』別冊「歴史の読み方」

九、一九八九年、朝日新聞社）
福田アジオ『可能性としてのムラ社会』（一九九〇年、青弓社）
福田アジオ「ムラと祭り」（『大系日本歴史と芸能』第四巻、一九九一年、平凡社）
福田アジオ「村落景観の民俗的意味」（『国立歴史民俗博物館研究報告』第五〇集、一九九三年）
福田アジオ「伝承地域と民俗の地域差」（『国立歴史民俗博物館研究報告』第五二集、一九九三年）
福武直『日本農村の社会的性格』（一九四九年、東京大学出版会）
水野章二「中世の開発と村落」（『歴史学研究』第六五九号、一九九四年）
三露俊男「八日市市寺町・村の年中行事」（『滋賀県医師協同組合ニュース』第一六四号、一九八〇年）
宮本又次『上方と坂東』（一九六九年、青蛙房）
向山雅重『信濃民俗記』（一九六八年、慶友社）
柳田国男「農業経済と村是」（『時代ト農政』一九一〇年、ちくま文庫版『柳田国男全集』第二九巻所収）
柳田国男『民間伝承論』（一九三四年、ちくま文庫版『柳田国男全集』第二八巻所収）
柳田国男『郷土生活の研究法』（一九三五年、ちくま文庫版『柳田国男全集』第二八巻所収）
柳田国男『先祖の話』（一九四六年、ちくま文庫版『柳田国男全集』第一三巻所収）
山口昌男「人類学的認識の諸前提――戦後日本人類学の思想状況――」（『思想』第五〇八号、一九六六年）
山口米子『日本の東西「食文化」気質』（一九八七年、三嶺書房）

米山俊直『小盆地宇宙と日本文化』(一九八九年、岩波書店)
和光市教育委員会上之郷・半三池歴史委員会編『上之郷・半三池・くらしのあゆみ』(一九八九年、和光市教育委員会)

(編著者と発行所が同一の場合は、発行所の記載を省略した)

あとがき

従来、近畿地方の村落については、民俗学の研究対象として必ずしも大きな関心を呼ぶことがなかった。旧来の民俗学が、歴史的に遡及してより古い姿、より本来的な形態を求める指向が強く、しかも民俗学の方法が、柳田国男の提唱した周圏論を暗黙の前提として形成、展開されてきたことによって、より価値のある古い姿の民俗は日本の周縁地方に伝承されているものと考える傾向が顕著であった。それは東北地方の村落や四国、九州地方の村落であり、ことに沖縄に対する関心として示された。周圏論は、柳田国男が有名な「蝸牛考」で提示した仮説である。中央で発生した新しい文化が時間の経過のなかでしだいに周辺に波及していくが、その繰り返しは中央を円の中心としたいくつかの半径の異なる同心円をえがくことになり、その同心円の外側のものほど古い姿を示すというものである。現実の日本は細長いので完全な同心円による周圏は見られないが、本州の北端や九州南部、さらには沖縄が日本文化の最も古い姿を伝えているということになり、日本民俗学における沖縄研究の重要性を強調することとなった。そして、逆に同心円の中心にあたる近畿地方に見られる事象は新しいものと理解され、研究者の関心を呼ぶことを少なくしたのである。

近畿地方の民俗についても、もちろん個別的には注目され、調査研究されてきている。たとえば、先祖祭祀や他界観の問題における両墓制の調査研究、祭祀組織研究における宮座の調査研究などはその例である。これらの問題は、近畿地方において濃密な分布をみるし、また典型的な姿を示していることは、共有財産として充分に認識されている。しかし、民俗全般としての研究では近畿地方はあまり重視されなかった。そのよい例が、民俗誌作成を目的とした調査は、多くの組織や機関が実施しているが、その対象地域に近畿地方の村落を取り上げることが少ないことである。

ところが、実際に近畿地方の村落において民俗調査を行ってみると、東北地方や関東地方では経験できないことが非常に多い。まず民俗の伝承されている量が非常に多いのである。決められた定型的な民俗調査において、東北地方や関東地方での調査に際してよりも調査ノートに数倍のページ数を費やすことがごく普通である。そして第二に、民俗の伝承が複雑である。同じ民俗が伝承されているにしても、その実行されている内容が複雑である。神仏に供える供物の作り方でも、また冠婚葬祭の儀礼でも、実に事細かに決められた方法があり、それに基づいて複雑なことを行っている。そして、それを行うための組織も複雑である。関東や東北では家として民俗を伝承しているので、その民俗の実行方法も比較的簡単、単純であることが多い。近畿地方では民俗は村落によって担われ、伝承されているため、その民俗伝承の組織がどうしても複雑になり、制度化されることになるものと予想される。これもまた調査ノートのページを多く使う理由である。いずれにしても、近畿地方の村落における民俗調査の方が、他の地方の村落調査よりも時間や手間を多く要するが、結果としては豊富で複雑な民俗伝承を獲得できることが普通である。これは個人的な体験ではあるが、近畿地方で民俗調査をしてきた多くの研究者の共通した感想といってよいであろう。この近畿地方での各人が得ている体験や感想は、必ずしも西日本全体に拡大できるわけではない。四国や九州での調査ではやはり近畿地方のようなことを経験することはできない。

近畿地方という日本の中央部と考えられてきた地方が、東北地方や関東地方よりも、また九州や四国よりも民俗を複雑に伝承しているようになぜ思えるのであろうか。特に、民俗を伝承する母体としての村落が複雑な組織を維持して、強固に民俗を伝承しているのはなぜであろうか。関東地方の村落を調査してきた経験からは、その民俗伝承の相対的な希薄さと比較して、注目される点である。しかし、そのような疑問にたいする解答は用意されていない。近畿地方村落のこのような特質を民俗学の問題として明らかにしようとする試みは皆無だったといえるし、また近畿地方の村落社会の伝承する民俗が複雑で量的に多いという認識自体も必ずしも学界の共有するものとはなってこなかったといえる。たまたま近畿地方の民俗調査を実施した人間の個人的な経験による感想としてのみ言われてきたに過ぎない。それは、民俗学における周圏論的認識や周圏論的指向が近畿地方村落への関心を弱くしてきた結果でもある。

この近畿地方村落を関東地方の村落と対比して、それぞれの特質を明らかにしようとしたのが本書である。関東と近畿はともに近代日本において社会経済的に進んだ地域とされてきた。そして、古来政治的にも重要な位置を占めてきた。そのような二つの地域の対比によって、現代の問題として東西の相違、そしてそのなかでの近畿地方の特質を明らかにできるものと考えている。本書で述べたことが果たして説得的であり、読者の皆さんが納得して下さったかどうかは自信はないが、一つの試みとしては認めていただけるのではないかと思っている。

今までにも実に多くの日本東西論の著書が出されていることは参考文献にも示した通りである。それにさらに一冊加えようとするのは無謀な試みと言わねばならない。それを敢えて行ったのは、一つには私自身が関西の三重県生まれで小学校の途中から東京育ちということからくる東西の相違についての身体に刻み込まれた経験が基礎にあること、そして旧来の主として民俗に依拠する東西論が印象論の域を出ないものが多く、民俗学外の人々の東西論がそれらの説を論証済みかのように安易に採用しているという感想があったからである。そして、実際に民俗調査を行ってみると、先に記したように、東西の相違が社会組織を中心にさまざまな面で見られたのである。

その相違を「番」と「衆」という言葉に集約して東西の相違を理解することは、参考文献に掲げた私のいくつかの文章ですでに述べてきたことである。もっとも早いのは一九八四年に発表した「民俗の母体としてのムラ」（『日本民俗文化大系』第八巻所収）であった。そこではごく簡単に展望を述べただけに終わったが、その後近畿地方の民俗調査を重ねて、その対比的把握が間違っていないと確信するに至った。いろいろな機会に「番」と「衆」の問題を述べてきたし、その表現としての景観の相違も主張してきた。本書では、それらの文章を総合し、一つの論として展開したものである。したがって、今までに発表したそれらと重複したり、同じ表現が目立つことをお断りしておきたい。なお、本書に記述した事例は、特に出典を明記したもの以外は私が直接調査したかあるいは私が参加したグループによって調査した成果である。

本書の刊行に際しては、吉川弘文館編集部の大岩由明、柴田善也のお二方には大変お世話になった。特に柴田氏には図版、写真を揃える作業が遅々として進まないのを辛抱強く待ち、また色々とご援助くださった。ここに記して感謝の意を表したい。

一九九七年六月

福田アジオ

著者紹介
一九四一年、三重県に生まれる
一九七一年、東京教育大学大学院文学研究科修士課程修了
現在新潟大学人文学部教授
主要著書
日本村落の民俗的構造　日本民俗学方法序説　時間の民俗学・空間の民俗学　可能性としてのムラ社会　柳田国男の民俗学

歴史文化ライブラリー
25

番と衆
日本社会の東と西

一九九七年一〇月一日　第一刷発行
一九九七年一二月一日　第二刷発行

著　者　福田《ふくた》アジオ

発行者　吉川圭三

発行所　株式会社　吉川弘文館
東京都文京区本郷七丁目二番八号
郵便番号一一三
電話〇三―三八一三―九一五一〈代表〉
振替口座〇〇一〇〇―五―二四四

印刷＝平文社　製本＝ナショナル製本
装幀＝山崎　登（日本デザインセンター）

歴史文化ライブラリー

1996.10

刊行のことば

現今の日本および国際社会は、さまざまな面で大変動の時代を迎えておりますが、近づきつつある二十一世紀は人類史の到達点として、物質的な繁栄のみならず文化や自然・社会環境を謳歌できる平和な社会でなければなりません。しかしながら高度成長・技術革新にともなう急激な変貌は「自己本位な刹那主義」の風潮を生みだし、先人が築いてきた歴史や文化に学ぶ余裕もなく、いまだ明るい人類の将来が展望できていないようにも見えます。このような状況を踏まえ、よりよい二十一世紀社会を築くために、人類誕生から現在に至る「人類の遺産・教訓」としてのあらゆる分野の歴史と文化を「歴史文化ライブラリー」として刊行することといたしました。

小社は、安政四年（一八五七）の創業以来、一貫して歴史学を中心とした専門出版社として書籍を刊行しつづけてまいりました。その経験を生かし、学問成果にもとづいた本叢書を刊行し社会的要請に応えて行きたいと考えております。

現代は、マスメディアが発達した高度情報化社会といわれますが、私どもはあくまでも活字を主体とした出版こそ、ものの本質を考える基礎と信じ、本叢書をとおして社会に訴えてまいりたいと思います。これから生まれでる一冊一冊が、それぞれの読者を知的冒険の旅へと誘い、希望に満ちた人類の未来を構築する糧となれば幸いです。

吉川弘文館

〈オンデマンド版〉
番　と　衆
日本社会の東と西

歴史文化ライブラリー
25

2017年（平成29）10月1日　発行

著　者　福《ふく》田《た》アジオ
発行者　吉川道郎
発行所　株式会社　吉川弘文館
〒113-0033　東京都文京区本郷7丁目2番8号
TEL　03-3813-9151〈代表〉
URL　http://www.yoshikawa-k.co.jp/

印刷・製本　大日本印刷株式会社
装　幀　清水良洋・宮崎萌美

福田アジオ（1941～）
ISBN978-4-642-75425-5